CODE

DE LA

CONSCRIPTION,

OU

RECUEIL CHRONOLOGIQUE

Des Lois et des Arrêtés du Gouvernement, des Décrets Impériaux relatifs à la levée des Conscrits et à leur remplacement, dispenses de service ; augmenté des Arrêtés, Décisions, Circulaires, Tableaux, etc. de S. Exc. le Ministre d'État, Directeur général de la Conscription militaire, depuis l'an VI jusques et compris la Conscription de 1809.

SECONDE PARTIE.

A GÊNES,

CHEZ YVES GRAVIER, IMPRIMEUR-LIBRAIRE DE LA PRÉFECTURE.

1808.

CODE

DE LA

CONSCRIPTION.

MINISTÈRE DE LA GUERRE.

INSTRUCTION

SUR LA LEVÉE DE 1807.

Le Directeur général des Revues et de la Conscription militaire, à Messieurs les Généraux commandant les Divisions militaires et les Départemens, les Préfets et Sous-Préfets, les Chefs de corps et de toute arme, les Majors appelés à faire partie des Conseils de recrutement, les Capitaines de recrutement, et autres Officiers civils et militaires.

Paris, le 31 Décembre 1806.

Je vous adresse, Messieurs, le décret rendu par S. M. l'Empereur et Roi, le 18 Décembre, sur la levée de 1807.

22*

1. Vous y verrez que le contingent assigné au département d   est de

Savoir :

Pour l'armée active,
Pour la réserve,

2. Vous y verrez que les conscrits de ce département désignés pour l'armée active, doivent être répartis entre les différentes armes et les différens corps , ainsi qu'il suit :

Au	régiment de carabiniers	. . . . . .
Au	régiment de cuirassiers	. . . . . .
Aux deux	régimens de fusiliers de la garde impériale	. . . .
Au	régiment d'artillerie à	. .
Au	régiment de dragons	. . . .
Au	régiment de chasseurs.	. . . . . .
Au	régiment de hussards	. . . .
Au	bataillon du train d'artillerie.	. . .
Au	bataillon de pontonniers	. . . . .
Au	bataillon de sapeurs	. . . .
Au	régiment d'infanterie	. .

3. Vous verrez enfin que le décret du 8 Fructidor an 13 doit, pour cette levée, être observé ainsi qu'il l'a été pour les trois précédentes.

4. La correspondance de MM. les Préfets , les rapports qu'ont bien voulu m'adresser quelques autres membres des conseils de recrutement, et les observations que j'ai été à portée de faire, m'ayant convaincu que des articles de ce décret n'avaient pas été entendus de la même manière dans toutes les parties de l'empire, que d'autres n'avaient pas été exécutés par-tout avec la même exactitude, j'ai cru devoir fixer votre attention sur ceux de ces articles dont la stricte et régulière observation importe le plus au succès de l'opération confiée à vos soins.

5. Quelque attention que MM. les maires et les sous-préfets aient apportée à la confection des listes des années antérieures, il est certain que quelques Français qui devaient y être inscrits, n'y ont pas été portés. Vous aurez soin de les faire comprendre dans les listes de cette année ; sauf au conseil de recrutement à juger s'il y a lieu à leur appliquer la peine portée par l'article 22 du décret du 8 Fructidor an 13.

6. MM. les préfets voudront bien ne donner que d'après les raisons les plus fortes, l'autorisation aux sous-préfets de réunir deux ou plusieurs cantons au chef-lieu de l'arrondissement : il vaut mieux, sous une infinité de rapports, que les sous-préfets se déplacent, que de faire déplacer une partie de la population d'un canton.

7. Il est prescrit à MM. les sous-préfets d'exécuter avec beaucoup de soin le paragraphe de l'article 14 qui leur ordonne de prendre une note précise de la taille de chaque conscrit. Ils devront s'assurer positivement si les individus inscrits sur les listes des maires sont les mêmes que ceux qui se présentent à eux pour être examinés.

8. Il leur est également prescrit de signaler exactement chacun des conscrits sur lesquels le conseil de recrutement aura à prononcer, pour que l'identité soit aisée à constater.

9. Une instruction que S. E. le ministre de la marine a bien voulu me communiquer, lèvera pour cette année et pour l'avenir toutes les incertitudes relatives à l'article 16.

10. Quelque rang que le hasard leur ait donné, tous les conscrits doivent subir les examens prescrits par le titre V ; et tous ceux qui seront reconnus incapables de soutenir les fatigues de la guerre, doivent être notés à leur article, et être renvoyés devant le

conseil de recrutement, chargé de prononcer définitivement sur chacun d'eux, même sur ceux que le sort ou les exemptions auront placés dans les dépôts.

11. MM. les sous-préfets ne devront prononcer de réforme définitive qu'avec une extrême sobriété. Ils penseront, comme moi, qu'il vaut mieux que le conseil de recrutement ait à examiner quelques conscrits de plus, que d'exposer l'Etat à se voir privé d'un bon défenseur.

12. L'article 18 m'a paru exiger les éclaircissemens suivans :

1.° Un conscrit, frère d'un conscrit d'une classe antérieure, désigné par le sort et faisant actuellement partie de l'armée active, ou mort en activité de service, passera de droit, s'il le demande, à la fin du dépôt, à moins qu'un autre de ses frères, encore vivant, n'y ait déjà été placé pour le même motif. La dénomination d'armée *active* ne comprend ni les compagnies des gardes-côtes, ni les compagnies départementales, ni aucun des régimens, corps ou compagnies qui ne se recrutent point par la voie de la conscription. Cependant on considérera comme faisant partie de l'armée active, les conscrits des années 9 et 10, appelés par l'arrêté du 23 Ventôse an 11 ; ceux de la réserve de l'an 11, appelés par arrêté du 10 Thermidor même année ; ceux de la réserve de 1806, appelés par décret du 28 Septembre dernier, pour être mis à la disposition du ministre de la marine, et ceux qui ont été pris, par décisions ministérielles, sur la réserve de 1806, pour être envoyés aux équipages militaires.

2.° La même faveur ne s'appliquera qu'à l'enfant unique d'une femme actuellement veuve ;

3.° Qu'à l'aîné d'enfans orphelins de père et de mère, au nombre de trois au moins, lui compris ;

4.° Qu'à celui de deux jumaux qui, par son numéro, aurait été désigné pour marcher le dernier.

5.º Un conscrit dont le père, vivant du travail de ses mains (ce qui ne doit s'entendre que d'un manouvrier, d'un laboureur ou d'un artisan), a atteint l'âge de 71 ans révolus, ou doit l'atteindre avant le 28 Février exclusivement, jour fixé pour les derniers départs, sera, s'il le demande, mis à la fin du dépôt, à moins qu'un de ses frères, encore vivant, n'y ait été placé au même titre.

13. Les conscrits qui se prétendront dans l'un des cinq cas ci-dessus spécifiés, ne seront admis que jusqu'au 28 Février exclusivement, à justifier des titres qu'ils ont à jouir du bénéfice de l'article 18 : à cette époque, s'ils n'ont pas fourni les preuves exigées d'eux, ils seront dirigés sur l'un des corps auxquels le département fournit.

14. La marche à suivre à l'égard des élèves de l'école polytechnique, ou de ceux de l'école spéciale militaire, a été déclarée commune aux *jeunes de langues ;* les préfets, en exécution de la dernière disposition du 5.ᵉ paragraphe, assujétiront ces divers jeunes gens à répondre à l'appel qui pourrait leur être fait, dans le cas où ils sortiraient de leurs écoles respectives sans être placés par le Gouvernement.

15. L'exemption absolue du service militaire est accordée aux élèves des écoles de peinture, de sculpture, etc., qui ont remporté les grands prix ; elle seule n'est susceptible d'aucune restriction.

16. Les ouvriers des manufactures d'armes qui auront été désignés par le sort pour faire partie du contingent, seront placés à la fin de la réserve ; si la réserve est appelée, ils compteront en déduction du contingent, sans être cependant enlevés à la manufacture.

17. MM. les sous-préfets doivent donner assez d'étendue à leurs procès-verbaux, pour que les con-

seils de recrutement puissent y trouver tous les renseignemens nécessaires.

Je vais rappeler aux conseils de recrutement quelques-unes des dispositions dont il m'a paru indispensable qu'ils se pénètrent.

18. Lors de la levée de 1806, quelques membres
des conseils de recrutement, entraînés sans doute par
des considérations majeures, se sont fait remplacer ;
il est à désirer qu'ils ne se trouvent pas cette année
dans le même cas : tous les membres du conseil de
recrutement doivent assister à chacune des séances,
à moins de maladie ou d'absence permise par l'autorité supérieure. Dans ce cas, le préfet ne pourra être
remplacé que par un conseiller de préfecture ou par
le secrétaire général; ce remplaçant présidera le conseil, comme l'eût fait le préfet.

19. S'il n'y a point de commandant militaire dans
un département, le préfet en donnera avis au général
commandant la division, qui désignera, pour remplir
les fonctions de membre du conseil de recrutement,
un officier général ou supérieur, employé dans l'étendue de la division ; et à défaut d'officier général ou
supérieur, il désignera le membre du conseil de recrutement parmi les officiers du même grade qui
jouiront d'une solde de retraite ou du traitement de
réforme.

20. Le major, membre du conseil de recrutement,
sera remplacé par l'officier de gendarmerie le plus
élevé en grade, résidant dans le département.

21. Toutes les fois que cela ne sera pas imprati-
cable, j'engage MM les préfets à ne point appeler
deux années de suite les mêmes officiers de santé
pour visiter les conscrits, et à ne rendre publique que
le plus tard possible la désignation qu'ils auront faite.

22. Des conseils de recrutement ont cru, pour la

levée de 1806, pouvoir se dispenser de se rendre dans tous les chefs-lieux d'arrondissement : la loi ne leur donne pas cette faculté; elle veut qu'ils se transportent nécessairement dans le chef-lieu de chaque sous-préfecture, et ne leur laisse à délibérer que pour déterminer s'ils se rendront en outre dans chaque chef-lieu de canton. Les conseils, en y réfléchissant bien, verront que l'intérêt général leur commande de se transporter dans le plus grand nombre possible de chefs-lieux de canton.

23. Quelques conseils de recrutement m'ont paru n'avoir point apporté en 1806, au choix des suppléans, tout le-soin que le Gouvernement avait le droit d'attendre d'eux : si, en 1807, de semblables abus m'étaient dénoncés, je serais forcé de faire peser sur les conseils qui l'auraient mérité, toute la responsabilité que le décret du 8 Fructidor leur a imposée.

24. La loi accorde aux conseils de recrutement beaucoup de latitude sur plusieurs objets, mais sur l'article des suppléans, elle leur a tracé des limites qu'ils ne peuvent franchir sans se rendre coupables. Ici une sévérité, même excessive, ne peut être condamnée.

25. Les suppléans des conscrits de 1801 ne peuvent être pris que dans l'étendue du département; ils devront y avoir satisfait à la conscription, et avoir appartenu, par leur âge, à l'une des classes des ans 10, 11, 12, 13, 14 et 1806.

26. Tout conscrit convaincu d'avoir présenté sciemment au conseil de recrutement un remplaçant atteint de quelque infirmité cachée, ayant subi un jugement, ou inadmissible, soit à cause de son âge, soit à raison de sa taille, ou ayant pris de faux noms, ou enfin ne réunissant pas toutes les qual.tés requises, doit perdre la faculté de se faire remplacer, et être tenu de marcher en personne.

27. Si un conscrit libre, d'une des classes ci-dessus désignées, s'offre pour remplacer son frère, cet acte pourra être considéré, non comme un remplacement, mais comme une substitution ; ces deux conscrits prendront alors la place l'un de l'autre, et le plus jeune sera tenu de marcher dans le cas où un appel fait sur la classe de l'aîné eût atteint celui-ci.

28. Le conseil ne pourra, avant la levée de la réserve, admettre aucun conscrit de réserve à se faire remplacer ; ils ne jouissent de cette faculté que du moment où ils sont appelés à l'armée active ; avant leur appel, ils ne peuvent passer sous les drapeaux qu'en faisant la déclaration prescrite par les circulaires des 8 Germinal an 11, 12 Nivôse an 12 et 26 Nivôse an 13. Ils n'ont point droit de fournir de suppléant quand ils ont fait cette déclaration ; mais ils sont comptés en déduction du contingent, lorsque la réserve vient à être appelée.

29. Quant aux jeunes gens qui ont souscrit des enrôlemens volontaires avant la désignation, ils ne doivent jamais compter en déduction du contingent.

30. Tout engagement volontaire contracté par un conscrit désigné pour l'armée active, est nul ; le conscrit sera rendu et conduit au corps pour lequel il a été désigné.

31. Les conscrits qui se sont mutilés volontairement, seront mis à la disposition du Gouvernement, pour être envoyés, sous l'escorte de la gendarmerie, à une compagnie de pionniers, où ils resteront jusqu'à ce que leur classe soit congédié : ceux de votre département seront dirigés sur

32. Il en sera de même des infirmes volontaires : on comprendra sous cette dénomination tout conscrit convaincu de s'être volontairement mis hors d'état de servir actuellement dans la ligne, soit en affaiblissant

sa vue par des moyens artificiels, soit en se donnant quelque autre infirmité factice et momentanée.

33. Jusqu'ici on a négligé de fixer le rang que doivent occuper entre-eux les conscrits placés à la fin du dépôt; ce rang doit être déterminé par le **numéro** que chacun d'eux aura obtenu. Le numéro le plus élevé doit être le dernier du dépôt, et par **conséquent** le dernier de la classe à être appelé.

34. Je ne répéterai pas ici, Messieurs, les observations que je vous ai présentées dans ma circulaire du 22 Août dernier; je me bornerai à vous prier de donner une attention particulière au paragraphe relatif aux hommes peu capables de rendre de bons services, et à celui qui concerne les procès-verbaux : un procès-verbal bien clairement rédigé, et qui contiendrait tous les détails qu'il doit renfermer, rendrait beaucoup moins fréquente et moins volumineuse la correspondance que MM. les préfets doivent **entretenir** avec moi.

35. Lorsque les conseils de recrutement **croiront** devoir modifier ou rapporter une de leurs décisions, et sur-tout après la clôture de leur session ordinaire, qui doit finir le 28 Février, ils auront soin de motiver leur opinion avec détail.

36. Tous les membres du conseil de recrutement ont le droit de faire inscrire leur opinion sur le procès-verbal du conseil : les majors devront, pour mettre leur responsabilité à couvert, prendre cette précaution toutes les fois que, contre leur avis, la majorité jugera propre au service un conscrit qu'ils croiront devoir être réformé.

37. Le conseil tiendra, dans les derniers jours de Février, une séance spéciale dans laquelle il se fera rendre compte de l'état actuel des conscrits appartenant à l'armée active, qui, pour raison de santé,

n'ont pu être compris dans les détachemens déjà partis : il examinera, pour chacun de ces conscrits, s'il sera, au 1.er Mai ou avant cette époque, en état d'être mis en route, ou bien si sa guérison ou sa convalescence se prolongera au-delà de ce terme.

38. Ceux que le conseil aura jugés dans ce dernier cas, seront rayés du tableau de 1807, déclarés conscrits de 1808, devant être portés en tête de la liste d'activité de leurs cantons respectifs, et remplacés sur-le-champ par les premiers numéros de la réserve.

39. Ceux, au contraire, que le conseil déclarera susceptibles de suivre leur destination avant le premier Mai, seront envoyés à l'hôpital militaire ou civil du département, ou laissés chez eux dans le cas seulement où il serait prouvé qu'ils ne peuvent être transportés. Ceux qui seront entrés à l'hôpital, seront censés appartenir au corps pour lequel ils seront destinés. Le capitaine de recrutement en dressera, par régiment, le contrôle en triple expédition, comme pour les conscrits mis en route par détachement. Il enverra à ces corps deux des expéditions, et les préviendra du délai jugé nécessaire pour le rétablissement de chaque malade, du jour auquel il quittera le département pour se rendre à sa destination, et de la date présumée de son arrivée aux drapeaux.

Les mêmes renseignemens me seront transmis dans un état nominatif qui indiquera la destination de chaque conscrit, et son numéro au contrôle.

40. Le 1.er de chaque mois, le capitaine de recrutement me fera parvenir ce même état nominatif avec l'indication des mutations survenues depuis sa première formation. Ces mutations comprendront les arrivées successives aux drapeaux.

41. Si, parmi ces conscrits, il en est qui se mettent dans le cas d'être déclarés réfractaires, le capitaine

en donnera avis aux corps, qui les noteront sur les deux contrôles comme déserteurs en route.

42. Lorsque tous ces conscrits seront arrivés ou notés comme déserteurs, les corps renverront un des deux contrôles, revêtu de leur récépissé, au capitaine de recrutement, qui me l'adressera.

43. L'époque du dernier départ est fixée au 28 Février au plus tard. Toutes les opérations de la levée devant être terminées ce jour-là, le conseil de recrutement devra le consacrer à sa séance de clôture.

44. Le major ne pourra, sous aucun prétexte, quitter le département sans avoir signé le procès-verbal de cette séance, ainsi que les états et les listes qu'il aura été nécessaire de former. Cette séance pourra se tenir avant le 28 Février, lorsque le contingent total aura été mis en route plutôt : elle ne pourra être tenue plus tard.

45. Le procès-verbal de la séance de clôture me sera adressé du 1.er au 10 Mars.

46. Après la séance de clôture, le conseil de recrutement tiendra, lorsqu'il y aura lieu, des séances extraordinaires pour l'examen des absens et des conscrits appelés en remplacement des déserteurs.

47. Lorsque j'aurai fait connaître à MM. les préfets que le contingent de leur département a été entièrement incorporé, le conseil s'occupera de réduire les procès-verbaux de ces séances extraordinaires en un procès-verbal unique, auquel il réunira, suivant les cas où se seront trouvés les conscrits examinés par lui, des listes supplémentaires conformes à celles qui seront jointes au procès-verbal de clôture.

48. Les conscrits voyageront par convois les plus forts possible. Si depuis le décret du 8 Fructidor an 13, les préfets s'étaient occupés de l'exécution de la première partie de l'article 83 de ce décret, ils auraient

conservé à l'Etat un grand nombre de conscrits : je ne puis trop les engager à chercher sans délai les moyens d'avoir, dans chaque gîte d'étape, un local commode et sain dans lequel un detachement de quatre - vingts à cent hommes puisse être logé et couché. En s'occupant ainsi des conscrits en général, chaque préfet travaille réellement pour l'intérêt de ses administrés , puisqu'une surveillance réciproque maintient dans le devoir les conscrits de son contingent sur les diverses routes qu'ils parcourent. La conscription est une dette dont la France entière est solidaire ; tout ce qu'un administrateur supérieur ou inférieur fait pour conserver un conscrit à l'Etat , allége la contribution de tous les Français.

49. Chaque préfet voudra bien me faire connaître, par un rapport particulier, quels sont, dans l'étendue de son département, les lieux de gîte où les détachemens peuvent être logés en commun , et ceux où il est impossible de les réunir, et pour ceux-ci, quels seraient les moyens de rendre la mesure praticable pour les levées subséquentes.

50. Le choix des hommes d'élite , prescrit par l'article 75 , a déjà servi de prétexte à quelques injustices ; les préfets veilleront à ce qu'elles ne se renouvellent pas. Nul ne doit se permettre d'aller prendre des hommes de taille dans la réserve , à moins que par l'effet d'appels successifs nécessités par un déficit dans le contingent , il ne s'en trouve qui doivent passer à l'armée active : cette disposition indique que l'ordre des numéros doit toujours être rigoureusement suivi.

51. Des affiches permanentes , et renouvelées chaque semaine au chef-lieu de chaque canton pour le canton, au chef lieu de sous-préfecture pour tous les cantons de l'arrondissement , et à l'hôtel de la préfecture pour tous les cantons du département, indiqueront toujours le dernier numéro appelé.

52. Aussitôt que le contingent d'un département aura été admis en totalité sous les drapeaux ; et que j'en aurai acquis la certitude par les récépissés des chefs de corps , j'en informerai le préfet par une déclaration qui sera la seule preuve authentique que son contingent est fourni , et son département libéré.

53. Il est sans doute inutile de rappeler aux préfets que les contrôles de signalement doivent être formés de concert par eux et les capitaines de recrutement ; mais je crois devoir rappeler à ces derniers mes instructions précédentes , afin que les omissions, dont j'ai souvent eu l'occasion de faire la remarque, **ne** se renouvellent plus.

54. Les capitaines ne perdront pas de vue que les colonnes de numéros doivent toujours être exactement remplies ; s'ils y laissaient des lacunes , je me verrais forcé de punir leur négligence.

53. Les officiers conducteurs des détachemens ne doivent, sous aucun prétexte, se soustraire à l'obligation qui leur est imposée, de remettre les signalemens des déserteurs, tant au maire de la première commune qui se trouvera sur leur route après la désertion , qu'au commandant de la première brigade de gendarmerie , et d'en tirer des récépissés. Les officiers qui s'écarteront de cette disposition , seront, pour la première fois, mis aux arrêts, pendant huit jours au moins, par le capitaine de recrutement , qui m'en informera en me renvoyant le contrôle ; les sous-officiers seront mis pour huit jours en prison : en cas de récidive, ils seront plus sévèrement punis.

56. Les uns et les autres encourront la même punition , si, lorsqu'ils auront déposé des conscrits dans un hôpital, ils négligent de tirer de semblables récépissés de l'agent en chef.

57. Si un maire, un commandant de brigade ou

un agent d'hôpital, refusent de donner le récépissé qui leur sera demandé, il en sera fait mention expresse sur le contrôle, et l'officier conducteur la certifiera.

58. Les contrôles destinés à m'être renvoyés seront toujours signés par le préfet et le capitaine de recrutement, et originaux, c'est-à-dire, revêtus du récépissé des corps.

59. Lorsque le contingent du département sera en entier aux drapeaux, le capitaine de recrutement formera sur-le-champ et m'adressera la liste alphabétique de tous les conscrits portés aux contrôles.

60. Quand le capitaine de recrutement aura été deux mois sans nouvelles d'un conscrtt entré dans un hôpital, il sera tenu d'écrire à l'économe ou à l'administration de cet hôpital; et s'il apprend que le conscrit soit sorti, ou s'il ne reçoit pas de nouvelles dans le délai jugé nécessaire pour qu'elles lui parviennent, il le dénoncera au préfet, qui le déclarera réfractaire, et le remplacera sur-le-champ.

61. Les capitaines établiront le triple contrôle, même pour un homme mis en route isolément; dans ce cas, ils en adresseront au corps deux expéditions, et le corps, après l'arrivée, leur renverra l'une des deux revêtue de de son récépissé : si, dans le délai de six semaines après la date présumée d'arrivée, le capitaine n'est point informé de l'incorporation par le renvoi du contrôle, il dénoncera le conscrit comme déserteur en route, et le préfet ordonnera son remplacement après l'avoir fait déclarer réfractaire. Cette disposition fera sentir aux chefs de corps de quelle importance il est qu'ils ne diffèrent jamais le renvoi des contrôles.

62. Les états de départ et d'arrivée qui me seront adressés par les capitaines de recrutement, soit pour

la

¹a levée de 1807, soit pour le complément des levées antérieures, ne devront point comprendre les hommes appartenant aux différentes classes ; ils ne présenteront jamais que les individus de la même classe et faisant partie de la même levée. Cette distinction s'observera non-seulement pour les états successifs de départ et d'arrivée, mais encore pour les états de mois.

63. Les capitaines observeront encore que les déserteurs rentrés, remis en route, ne doivent jamais être portés dans les mêmes colonnes que les autres conscrits.

64. Les états de mois devront toujours présenter la situation entière de chaque levée, c'est-à-dire, tous les départs et toutes les arrivées qui auront eu lieu depuis le commencement d'une levée.

65. Les capitaines de recrutement auront le plus grand soin de fournir aux conscrits, avant leur départ, les objets de petit équipement qui leur seraient indispensables ; je les rends personnellement responsables, quels que puissent être les ordres particuliers qu'ils auraient reçus de leurs corps, des résultats qu'entraînerait leur négligence à exécuter en cela la disposition précise de l'article 80 du décret du 8 Fructidor. S'ils reçoivent de pareils ordres, ils me les feront connaître sur-le-champ.

66. Les détachemens seront mis en route immédiatement après la revue de départ ; les revues de départ seront toujours passées en présence d'un des membres du conseil de recrutement.

67. La plupart des officiers conducteurs des détachemens ont rempli leur devoir en 1806, avec un zèle qui mérite des éloges ; plusieurs ont été proposés à S. Majesté pour obtenir de l'avancement : je me suis vu à regret obligé d'en punir un petit nombre.

Le capitaine de recrutement voudra bien leur faire connaître la ferme intention où je suis de sévir contre leur négligence, et de solliciter des récompenses pour leur bonne conduite.

68. Le décret sur la levée de 1807 a fixé la taille des conscrits destinés aux carabiniers, aux cuirassiers et à l'artillerie : quant aux fusiliers de la garde impériale, la moitié aura au moins un mètre 720 millimètres (5 pieds 3 pouces et demi), et l'autre moitié aura au moins un mètre 679 millimètres (5 pieds 2 pouces). Nul homme de la taille indiquée ne pourra, sous aucun prétexte, être donné à un autre arme que lorsque celles-ci auront leur contingent.

69. Après que ces armes auront reçu leur contingent, tous les hommes de cinq pieds deux pouces et au-dessus seront répartis par égale portion entre les corps qui se recrutent dans le département. Cette répartition se fera par corps : ainsi, s'il y a cent quarante-quatre hommes au-dessus de cinq pieds deux pouces, et que le département doive fournir aux sapeurs, aux dragons et à deux régimens d'infanterie, on donnera trente-six hommes aux sapeurs, trente-six aux dragons, et trente-six à chaque régiment d'infanterie, à moins que ce nombre n'excède le contingent dû à chaque corps par le département. Dans ce cas, l'excédant serait également réparti entre les autres corps.

70. Il en serait de même si le département avait à fournir aux pontonniers, aux chasseurs et aux hussards.

71. Les hommes destinés aux corps d'élite ne seront plus envoyés aux chefs-lieux des divisions, mais se rendront directement à leurs corps respectifs.

72. Les conscrits destinés à l'armée d'Italie, à l'exception de ceux de la huitième division, seront di-

rigés sur Chambéry , où ils seront inspectés par M. le général de division *Pille ,* à qui les capitaines de recrutement enverront, pour ces conscrits, un double des états numériques de départ qu'ils auront à m'adresser.

73. Les officiers et sous-officiers de recrutement, conducteurs des détachemens , seront renvoyés de Chambéry dans les départemens respectifs ; ils seront relevés par des officiers qui seront mis à la disposition de M. le général *Pille :* cependant un des sous-officiers devra toujours demeurer près du détachement pour tenir le contrôle jusqu'à l'incorporation des conscrits, et le rapporter au capitaine de recrutement.

74. Les officiers et sous-officiers autres que ceux de recrutement, qui seront chargés de la conduite des détachemens , les escorteront jusqu'à la destination définitive.

75. Peut-être serait-il bon que MM. les préfets et sous-préfets , dans l'arrêté qu'ils doivent prendre pour annoncer la répartition entre les arrondissemens et les cantons, annonçassent à leurs administrés que tous les certificats donnés par des voisins, et souvent vendus bien chèrement par des officiers de santé, sont inutiles ; qu'il suffit aux conscrits de se présenter avec exactitude, docilité et confiance, et d'être, une fois pour toutes, certains que les opérations de la conscription sont gratuites ; que tous présens, gratification ou argent, sont des moyens de corruption que la loi classe dans le nombre des délits, et qui par conséquent rendent coupables et ceux qui les donnent et ceux qui les reçoivent.

Le zèle de MM. les membres des conseils de recrutement et des autres fonctionnaires chargés de concourir à la levée , n'a pas besoin d'être stimulé.

23*

Ils sentent tous l'importance de cette opération ; ils sont convaincus que S. M. sait apprécier la célérité comme elle sait en donner l'exemple.

Le Directenr général des revues et de
la conscription militaire,

L A C U É E.

SÉRIE des Listes et États que Messieurs les Préfets, les Chefs de corps et les Capitaines de recrutement devront envoyer à M. le Directeur général des Revues et de la Conscription militaire, pour lui rendre compte des opérations relatives à la levée de 1807, *de ses progrès et de ses résultats.*

1.º Procès-verbal de clôture des séances du conseil de recrutement, accompagné de neuf listes et états numérotés depuis 1 jusqu'à 9. (*Le modèle de ce procès-verbal est ci-joint et coté A.*)

> *MM. les préfets me l'enverront avant le 10 Mars 1807. Si le conseil a quelques séances extraordinaires a tenir après sa seance de clôture, MM. les préfets m'en transmettront l'extrait, ainsi qu'il est dit au 47.ᵉ paragraphe de l'instruction.*

2.º Etat indicatif des différens lieux d'étape où se trouvent des emplacemens propres à loger en commun les conscrits envoyés à l'armée, et de ceux où il n'en existe point (*Modèle coté B.*)

> *MM. les préfets sont priés d'adresser cet état dans le plus bref délai possible.*

3.º Contrôle des conscrits mis en route. (*Modèle coté C.*)

> *Quelques additions ont été faites au contrôle afin d'en rendre plus facile la formation et la tenue. Il doit être adressé par MM. les capitaines de recrutement.*

4.º Table alphabétique des contrôles. (*Modèle coté D.*)

> *Cette table sera envoyée par les capitaines de recrutement, dans le délai d'un mois après que M. le directeur général aura fait connaître que le contingent total de chaque département a été complétement incorporé.*

5.º Etats destinés à faire connaître le départ et l'arrivée des conscrits. (*Modèles cotés E et F.*)

> *MM. les capitaines m'adresseront ces états à mesure que les conscrits seront mis en route, et à l'instant de la réception des contrôles que leur renverront les corps. L'état numérique d'arrivée devra aussi m'être envoyé par les chefs des corps au moment où les conscrits seront admis sous les drapeaux.*

6.º Etat de mois, récapitulatif des départs et des arrivées. (*Modèle coté G.*)

> *MM. les capitaines enverront ces états le premier de chaque mois.*

7.º Liste nominative des conscrits désignés pour l'armée active, que le conseil a reconnu ne pouvoir être mis en route que du 28 Février au 1.ᵉʳ Mai 1807. (*Modèle coté H.*)

> *MM. les capitaines adresseront cet état avant le 10 Mars. Le premier de chaque mois, ils en transmettront de nouvelles expéditions où seront inscrites les mutations survenues pendant le mois.*

8.º Compte numérique sur les conscrits compris dans les listes d'activité. (*Modèle coté I.*)

> *MM. les préfets adresseront cette pièce dans le mois qui suivra l'avis que M. le directeur général leur aura donné pour leur faire connaître que le contingent de leur département a été complétement incorporé.*

9.º Etat des conscrits admis par le conseil de recrutement à fournir des remplaçans. (*Mod. coté K.*)

10.º Etat des conscrits congédiés gratuitement. (*Modèle coté L.*)

11.º Etat de ceux qui ont été congédiés, à la charge de payer une indemnité. (*Modèle coté M.*)

> *Ces trois derniers états seront envoyés par MM. les Préfets.*

Suivent les Modèles.

Modèle coté A.

DÉPARTEMENT d

SÉANCE DE CLOTURE du   Février 1807.

LE CONSEIL DE RECRUTEMENT, assemblé suivant le 43.e paragraphe de l'instruction de M. le directeur général des revues et de la conscription militaire,

composé de N.   préfet ;

    de N.   général ou officier supérieur (*désigner le grade et l'arme*), commandant le département, ou officier (*désig. le grade et l'arme*) nommé par le général divisionn. pour remplacer le commandant du département ;

   et de N.   major du   régiment d

conformément à l'article 25 du décret du 8 Fructidor

Présens

Vu les procès-verbaux des séances publiques qu'il a tenues le   à   (chef-lieu d'arrond. ou de cant.) ;

   Présens N.   sous-préfet ;

        N.   capitaine de recrutement ;

        N.   officier de gendarmerie (*désig. le grade*) ;

        N.   doct. en méd. ou en chirurg. ;

  Le   à   chef-lieu, etc. ;

   Présens N.   etc.

  Le   à   etc.

A dressé les comptes suivans sur le nombre des conscrits de la classe de 1807, sur leur destination et sur les opérations qu'il a trouvées irrégulières et qu'il a rectifiées.

1.º *COMPTE GÉNÉRAL et SOMMAIRE sur les Conscrits composant la Classe de 1807.*

1.	2.	3.	4.	5.	6.	7.	8.	9.	10.	11.	12.	13.	14.
			CONSCRITS QUI NE DOIVENT PAS FAIRE PARTIE DES LISTES D'ACTIVITÉ,										
		TOTAL des CONSCRITS composant la classe.	attachés par autorisat.on légale aux différens cultes.	inscrits pour le service de la marine.	faisant déjà partie de l'armée de terre.	ayant obtenu les grand prix.	REFORMÉS			mis à la disposition du Gouvernement pour s'être volontairem. rendus incapables de servir.	renvoyés à la levée suivante.	élèves de l'école polytechnique, de l'école spéciale militaire, jeunes de langues.	TOTAL.
ARRONDISSE-MENT.	CANTON.						pour défaut de taille.	pour difformités évidentes.	pour infirmités.				

15.	16.	17.	18.	19.	20.	21.	22.	23.	24.	25.	26.	27.	28.	29.
CONSCRITS QUI DOIVENT ÊTRE PORTÉS SUR LES LISTES D'ACTIVITÉ,														
DÉCLARÉS PREMIERS A MARCHER.					Placés de droit à la fin du dépôt.	Ouvriers des manufact. d'armes qui, désignés par le sort, ont été placés à la fin de la réserve.	RESTANT de toute la Classe.			TOTAL des Conscrits portés sur les Listes d'activité, divisés en				OBSERVATIONS.
pour avoir refusé de se faire inscrire sur les listes.	pour ne s'être pas présentés après s'être faits inscrire.	qui ont été omis sur les listes, et qui ne se sont pas présentés.	pour n'avoir pas prouvé leur inscription au service de la marine.	pour avoir feint des infirmités.			Présens	Absens et vétérans,	Ajournés au dernier départ, et placés ensuite à l'hôpital.	Contingent de l'armée active.	Réserve.	Dépôt.	Total.	

SÉRIE des Listes qui complétent le Compte de l'autre part.

Liste des conscrits attachés aux différens cultes. . . . . (*Accompagnée de pièces justificat.* Modèle N.º 1.er)

——— des inscrits pour le service de la marine. . . . . (*Idem* ——— N.º 2.)

——— des individus faisant déjà partie des armées de terre. . . . . . (*Idem* ——— N.º 3.)

——— des jeunes gens ayant obtenu les grands prix. . . . . (*Idem* ——— N.º 4.)

——— des conscrits mis à la disposition du Gouvernem., pour s'être volontairement rendus incapables de servir. . . . . (*Idem* ——— N.º 5.)

——— des conscrits ajournés à l'année suivante, pour maladie de longue durée, mais ne donnant pas lieu à la réforme. . (*Idem* ——— N.º 6.)

——— des individus placés de droit à la fin du dépôt . . . . (*Idem* ——— N.º 7.)

——— des élèves de l'école polytechnique, de l'école spéciale militaire, et des jeunes de lang. (*Idem* ——— N.º 8.)

——— des individus sur lesquels le major aura fait des observat. consignées dans les procès-verbaux (*). . . . . (*Sans pièces.* . . . . N.º 9.)

(*) Les individus portés sur la liste N.º 9, se trouveront sur d'autres listes.

Il ne sera point dressé de listes des réformés et des ouvriers de manufactures d'armes, elles sont séparément formées en vertu d'ordres particuliers.

Le résultat numérique, présenté dans le compte de l'autre part, suffit pour les premiers à marcher.

2.º **COMPTE PARTICULIER** *sur les opérations irrégulières remarquées et certifiées par le Conseil de recrutement.*

ARRONDISSEM.	CANTON.	INDICATION DE L'OPÉRATION trouvée irrégulière.	RECTIFICATIONS ordonnées par le Conseil.	AVIS DU CONSEIL sur les causes des irrégularités, et les moyens de les prévenir *
				* L'obligation du conseil est de consigner dans cette colonne son avis positif sur les causes d'irrégularités étrangèr. à l'administration, et sur celles qui pourraient être attribuées à l'autorité locale.

Le Conseil   certifie sous la responsabilité personnelle de chacun de ses membres, l'exactitude des comptes que renferme le présent procès-verbal de clôture.

Fait en séance, le   à

Le **PRÉFET**, président,

Le Major du   L'Officier général ou supérieur commandant le département ou pour le command. de département, l

DÉPARTEMENT

d

CONSCRITS de 1807.

LISTE NOMINATIVE des Conscrits attachés au service des différens Cultes.

ARRONDIS-SEMENT.	CANTON.	NOMS des CONSCRITS.	LEURS PRÉNOMS.	NUMÉROS qu'ils occupent au tableau de conscription de la classe.	NUMÉROS qu'ils ont eus lors du tirage.	CULTE auquel ils sont attachés, et en quelle qualité.	INDICATION DES PIÈCES annexées à la présente liste et leur date.	OBSERVATIONS.
							Nota. Ces pièces ne peuvent être que des extraits de décisions ministérielles certifiés conformes par MM. les membres du conseil de recrutement.	N. B. Dans le cas où les individus arrivés à l'âge où on peut s'attacher définitivement à l'état ecclésiastique, ne s'engageraient pas dans les ordres sacrés, ils seraient dans la même cathégorie que les élèves des écoles et les jeunes de langues. Il en serait de même avant cette époque, s'ils abandonnaient leurs études et se livraient à un autre carrière ou ou profession.

DÉPARTEMENT
d

CONSCRITS de 1807.

LISTE NOMINATIVE des Individus appartenant par leur âge à la Classe de 1807, qui sont inscrits pour le service de la marine.

ARRONDIS-SEMENT.	CANTON.	NOMS des CONSCRITS.	LEURS PRÉNOMS.	NUMÉROS qu'ils occupent au tableau de conscrip-tion de la classe.	NUMÉROS qu'ils ont eus lors du tirage.	DATE de leur inscription au service de la marin., et en quelle qualité ils sont inscrits.	PIÈCES ANNEXÉES à la présente liste et constatant l'inscrip-tion.	OBSERVATIONS.
								Une expédition de cette liste devra être adressée, par Mr. le Préfet, à son Exc. le Ministre de la marine et des colonies.

LISTE NOMINATIVE des Conscrits faisant partie de l'armée de terre avant le jour du tirage.

ARRONDIS-SEMENT.	CANTON.	NOMS des CONSCRITS	LEURS PRÉNOMS.	NUMÉROS qu'ils occupent au tableau de conscription de la classe.	NUMÉROS qu'ils ont eus lors du tirage.	CORPS dans lequel ils servent, et époque à laquelle ils y ont été admis.	INDICATION DES PIÈCES annexées à la présente liste, et leur date.	OBSERVATIONS.
							Nota. Ces pièces ne peuvent être que des certificats des conseils d'administrat.ⁿ des corps.	

DÉPARTEMENT

d

CONSCRITS de 1807.

LISTE NOMINATIVE des Jeunes Gens qui ont remporté les grands prix de peinture, de sculpture, etc.

ARRONDISSE-MENT.	CANTON.	NOMS des CONSCRITS.	PRÉNOMS.	NUMÉROS qu'ils occupent au tableau de conscription de la classe	PRIX REMPORTÉ.	PIÈCES ANNEXÉES à la PRÉSENTE LISTE.	OBSERVATIONS.
						Ces pièces seront des cetificats de son Exc. le Ministre de l'intérieur.	

CONSCRITS de 1807.

LISTE NOMINATIVE des Conscrits mis à la disposition du Gouvernem., conformément aux art. 17 et 34 du Décret du 8 Fructidor an 13.

ARRONDIS-SEMENT.	CANTON.	NOMS des CONSCRITS	LEURS PRÉNOMS.	NUMÉROS qu'ils occupent au tableau de conscription de la classe.	NUMÉROS qu'ils ont eus lors du tirage.	INDICATION DES MOTIFS pour lesquels ils ont été mis à la disposition du Gouvernement.	SERVICE auquel le conseil de recrutement les croit propres.	OBSERVATIONS.
								Cet état ne doit être accompagné d'aucunes pièces.

DÉPARTEMENT
d

MODÈLE N.º 6.

CONSCRITS de 1807.

LISTE NOMINATIVE des Conscrits ajournés à l'année suivante.

ARRONDIS-SEMENT	CANTON.	NOMS des CONSCRITS.	PRÉNOMS.	NUMÉROS qu'ils occupent au tableau de conscrip-tion de la classe.	NUMÉROS qu'ils ont eus lors du tirage.	MOTIFS de L'AJOURNEMENT.	INDICATION DES PIÈCES annexées à la prés. liste, par lesquelles a été prouvée l'impossibilité de se présenter au Conseil, et RÉSULTAT DES INFORMAT. prises par le Conseil.	OBSERVATIONS.

DÉPARTEMENT
d

CONSCRITS de 1807.

LISTE NOMINATIVE des Individus placés de droit à la fin du dépôt.

ARRONDISSE-MENT.	CANTON.	NOMS des CONSCRITS.	PRÉNOMS.	NUMÉROS qu'ils occupent au tableau de conscription de la classe.	NUMÉROS qu'ils ont eus lors du tirage.	MOTIFS POUR LESQUELS ILS ONT ÉTÉ PLACÉS A LA FIN DU DÉPOT.					INDICATION DES PIÈCES annexées à la présente Liste.	OBSERVAT.
						ayant un frère en activité de service comme conscrit.	ayant un frère de la classe de 1807 désigné pour faire partie de l'armée activ.	enfant unique d'une veuve.	aîné d'enfans orphelins de père et de mère.	dont le père, vivant du travail de ses mains, a 71 ans révolus.			
												Ces pièces seront, pour le 1.ᵉʳ cas, Un certificat des conseils d'administrat. des corps, constatant la présence actuelle des conscrits sous les drapeaux, ou qu'ils sont morts en activité de service, Et un certificat du maire visé du sous-préfet, constatant que ces conscrits ont été apportés pour faire partie du contingent. Pour les 3.ᵉ, 4.ᵉ et 5.ᵉ cas, Un certificat du maire, visé de trois témoins pères de famille. Les conscrits, dans le 2.ᵉ cas, devront fournir, six semaines après l'époque fixée pour l'arrivée de leurs frères sous les drapeaux; un certificat des conseils d'administration constatant l'incorporation.	

DÉPARTEMENT
d

CONSCRITS de 1807.

LISTE NOMINATIVE des Élèves

MODÈLE N.º 8.

*de l'École Polytechnique , de l'École Spéciale militaire ,
et des Jeunes de Langues.*

ARRONDISSEM.	CANTON.	NOMS des CONSCRITS.	LEURS PRÉNOMS.	NUMÉROS qu'ils occupent sur le tableau général des conscrits de la classe.	NUMÉROS qu'ils ont eus lors du tirage.	MOTIFS pour lesquels chaque individu est provisoirement dispensé de partir.			INDICATION DES PIÈCES ANNEXÉES à la présente Liste.	OBSERVATIONS.
						ÉLÈVES de l'école polytechnique.	ÉLÈVES de l'école spéciale militaire.	JEUNES de langues.		
									Ces pièces sont : { Pour les élèves des deux écoles , un certificat du conseil de l'école. Pour les jeunes de langues, un certificat du prince ministre des relations extérieures.	Si ces jeunes gens quittaient leur école pour suivre un autre carrière , ils rentreraient dans la conscription , et seraient traités comme les autres conscrits de leur classe , suivant l'ordre du n.º qu'ils auraient obtenu.

Nota. Il suffit de placer le chiffre 1
dans l'une de ces trois colonnes ,
pour indiquer le cas dans lequel se
trouve chaque individu.

d

CONSCRITS de 1807.

LISTE NOMINATIVE des Conscrits qui ont donné lieu aux Observations du Major, consignées dans les procès-verbaux du Conseil de recrutem.

ARRONDISSE-MENT.	CANTON.	NOMS des CONSCRITS.	NUMÉROS qu'ils occupent sur le tableau général de la classe.	NUMÉROS qu'ils ont eus lors du tirage.	OBSERVATIONS DU MAJOR.	OPINIONS des autres Membres du Conseil.	*OBSERVATIONS.*

     MODÈLE coté *B.*

DÉPARTEMENT

d

ÉTAT INDICATIF *des différens lieux d'Étape où se trouvent des emplacemens propres à loger en commun les Conscrits envoyés à l'armée, et de ceux où il n'en existe point.*

LIEUX D'ÉTAPE.	ROUTE sur laq. se trouvent les lieux d'étape.	QUELS emplacemens y sont destinés au logement des conscrits. Combien de conscrits peuvent y être logés en commun, et moyens existans de loger un plus grand nombre d'hommes.	OBSERVATIONS.
	Pour indiquer cette route, il suffira de désigner les deux premiers chefs-lieux de département où elle conduit par ses deux directions.	Si quelques lieux d'étape n'ont point encore d'emplacement préparé, MM. les préfets indiqueront les moyens d'y faire log. en commun au moins deux cents hommes.	

CONTRÔLE coté

(MM. les Capitaines de recrutement
auront soin de désigner successivement,
par les lettres de l'alph. A , B , C, etc.
etc. , chacun des contrôles qu'ils seront
dans le cas de dresser.)

MODÈLE coté C.

DÉPARTEMENT d

CONTROLE *des Conscrits et Suppléans de Conscrits du*
Département d   *dirigés le*
sur   *Régiment d*
stationné à   *, partis sous le*
commandement de M.   *accompagné*
des S.rs

NUMÉROS			NOMS et PRÉNOMS.	SIGNALEMENT.	MUTATIONS.	OBSERVATIONS.
d'ordre ou d'inscription sur le contrôle.	sous lequel les Conscrits sont portés au tableau général de conscription de leur départ.	sous lequel ils sont compris dans la liste formée en exécution de l'article 12 du décret du 8 fructidor.				
				Conscrits de l'an 1807. JOUBERT (Jean), Conscrit de l'an 1807,	fils de — et de domiciliés à — , canton d département d — , né le à — , canton d département d — , domicilié à canton d — , département d taille — , cheveux sourcils — , yeux front — , nez bouche — , menton visage — , teint marques particulières profession	Déserté à — départem. d — { Récépissés constatant la remise du signalement. } — au Maire / à la Gendarmerie le ou de — à départem. d — le Entré à l'hôpital d — départem. d — { Récépissés de l'administrat.n de l'hôpital. } le Mort à — départem. d — { Certificat du Maire. } le Rentré au détach. à départem. d — le	
(Porter dans ces deux colonnes les numéros sous lesquels le Conscrit remplacé se trouve compris au tableau dont il est question.)			**Suppléans de Conscrits de 1807.** JOUBERT (Jean), Consc. de l'an Suppléant de LA-FOND (Jacques), Consc. de l'an 1807, de la comm. d canton d	fils de — et de domiciliés à — , canton d département d — , né le à — , canton d département d — , domicilié à canton d — , département d taille — , cheveux sourcils — , yeux front — , nez bouche — , menton visage — , teint marques particulières profession	Déserté à — départem. d — { Récépissés constatant la remise du signalement. } — au Maire / à la Gendarmerie le ou de — à départem. d — le Entré à l'hôpital d — départem. d — { Récépissés de l'administrat.n de l'hôpital. } le Mort à — départem. d — { Certificat du Maire. } le Rentré au détach. à départem. d — le	
			Individus qui ne font point partie de la levée de 1807. JOUBERT (Jean), Conscrit de l'an	fils de — et de domiciliés à — , canton d département d — , né le à — , canton d département d — , domicilié à canton d — , département d taille — , cheveux sourcils — , yeux front — , nez bouche — , menton visage — , teint marques particulières profession	Déserté à — départem. d — { Récépissés constatant la remise du signalement. } — au Maire / à la Gendarmerie le ou de — à départem. d — le Entré à l'hôpital d — départem. d — { Récépissés de l'administrat.n de l'hôpital. } le Mort à — départem. d — { Certificat du Maire. } le Rentré au détach. à départem. d — le	
			JOUBERT (Jean), Enrôlé volontaire,	fils de — et de domiciliés à — , canton d département d — , né le à — , canton d département d — , domicilié à canton d — , département d taille — , cheveux sourcils — , yeux front — , nez bouche — , menton visage — , teint marques particulières profession	Déserté à — départem. d — { Récépissés constatant la remise du signalement. } — au Maire / à la Gendarmerie le ou de — à départem. d — le Entré à l'hôpital d — départem. d — { Récépissés de l'administrat.n de l'hôpital. } le Mort à — départem. d — { Certificat du Maire. } le Rentré au détach. à départem. d — le	

Nota. Les Conscrits doivent être placés en tête du contrôle, ensuite les individus qui ne font pas partie de la levée de 1807.

Conscrits de la levée de 1807.
Suppléans de la levée de 1807.
Conscrits de la levée de 1806.
Suppléans de Conscrits de la levée de 1806.
Conscrits de la levée de l'an 14.
Suppléans de Conscrits de la levée de l'an 14.
Conscrits de la levée de l'an 13.
Suppléans de Conscrits de la levée de l'an 13.
Conscrits des levées des années 11 et 12.
Suppléans de Conscrits des levées des années 11 et 12.
Conscrits des levées des années 9 et 10.
Suppléans de Conscrits des années 9 et 10.
Enrôlés volontaires.

Le Préfet du Département,   *Le Capitaine de Recrutem.,*

RÉCÉPISSÉ

DES HOMMES ARRIVÉS SOUS LES DRAPEAUX.

Le   *(Désigner le Corps.)*   a reçu le   *(Date.)*   les hommes compris au présent Contrôle, déduction faite de ceux qui, sous les N.^os

sont portés comme   *(Déserteurs, ou entrés à l'hôpital, ou morts, etc.)*

CERTIFIÉ par   *(Désigner le grade du signataire.)*

A   *le*

VU par le   (Sous-Inspecteur aux revues ayant la police du Corps,
            ou par   remplaçant le Sous-Inspecteur.

Certifié le présent Contrôle comprenant : *p.* 368.

Conscrits de la levée de 1807.
Suppléans de la levée de 1807.
Conscrits de la levée de 1806.
Suppléans de Conscrits de la levée de 1806.
Conscrits de la levée de l'an 14.
Suppléans de Conscrits de la levée de l'an 14.
Conscrits de la levée de l'an 13.
Suppléans de Conscrits de la levée de l'an 13.
Conscrits des levées des années 11 et 12.
Suppléans de Conscrits des levées des années 11 et 12.
Conscrits des levées des années 9 et 10.
Suppléans de Conscrits des années 9 et 10.
Enrôlés volontaires.

Le Préfet du Département,   *Le Capitaine de Recrutem.,*

RÉCÉPISSÉ

DES HOMMES ARRIVÉS SOUS LES DRAPEAUX.

Le *(Désigner le Corps.)* a reçu le *(Date.)* les hommes compris au présent Contrôle, déduction faite de ceux qui, sous les N.os

sont portés comme *(Déserteurs, ou entrés à l'hôpital, ou morts, etc.)*

Certifié par *(Désigner le grade du signataire.)*

A   *le*

Vu par le (Sous-Inspecteur aux revues ayant la police du Corps, ou par remplaçant le Sous-Inspecteur.

DÉPARTEMENT

d

CONSCRITS de 1807.

LISTE ALPHABETIQUE des Conscrits de 1807 mis en route pour les différens Corps.

NOMS des Conscrits dans l'ordre alphabétique.	LETTRE de l'alphabet dont est coté le contrôle dans lequel ils sont compris.	INDICATION du jour où ce Contrôle a été signé par les chefs des Corps.	Colonnes dans l'une desquelles doit être portée le chiffre 1, suivant que le Conscrit sera					OBSERVATIONS.
						Resté en route dans un hôpital,		
			incorporé.	Déserteur en route.	Mort en route.	Où il est encore.	Mais condamné comme réfractaire, pour avoir déserté après sa sortie, de l'hôpital, ou avoir négligé de donner de ses nouvelles dans un délai convenable.	

MODÈLE coté E.

ÉTAT numérique de départ des Conscrits de 1807.

CORPS auxquels les Conscrits sont assignés.	NOMBRE DES CONSCRITS PARTIS.					DATES		NOM de l'officier ou sous-officier commandant l'escorte de chaque détachement.	OBSERVATIONS.
	Conscrits.	Suppléans.	Déserteurs rentrés.	Notés sur les précédens états comme absens et sans pour cause légitime, rentrés.	TOTAL.	du départ.	présumée de l'arrivée au Corps.		

ÉTAT numérique d'arrivée des Conscrits de 1807.

MODÈLE coté F.

CORPS auxquels les Conscrits sont assignés.	NOMBRE DES CONSCRITS PARTIS.					DATES		NOM de l'officier ou sous-officier commandant l'escorte de chaque détachement.	NOMBRE DES CONSCRITS																DATES de l'arrivée des Détachemens	OBSERVATIONS.
									ARRIVÉS AU CORPS.					DÉSERTEURS EN ROUTE.					ABSENS POUR CAUSE LÉGITIME.							
	Conscrits.	Suppléans.	Déserteurs rentrés.	Notés sur les précédens états comme absens et sans pour cause légitime, rentrés.	TOTAL.	du départ.	présumée de l'arrivée au Corps.		Canton.	Suppléans.	Déserteurs rentrés.	Absens rentrés.	TOTAL.	Conscrits.	Suppléans.	Déserteurs rentrés.	Absens rentrés.	TOTAL.	Conscrits.	Suppléans.	Déserteurs rentrés.	Absens rentrés.	TOTAL.			

ÉTAT de Mois récapitulatif des départs et arrivées effectués, sur la Levée de 1807, depuis son origine jusqu'au 1.er   1807.

MODÈLE coté G.

CORPS auxquels les Conscrits sont assignés.	NOMBRE DES CONSCRITS PARTIS.					DATES		NOM de l'officier ou sous-officier commandant l'escorte de chaque détachement.	NOMBRE DES CONSCRITS																DATES de l'arrivée des Détachemens	OBSERVATIONS.
									ARRIVÉS AU CORPS.					DÉSERTEURS EN ROUTE.					ABSENS POUR CAUSE LÉGITIME.							
	Conscrits.	Suppléans.	Déserteurs rentrés.	Notés sur les précédens états comme absens et sans pour cause légitime, rentrés.	TOTAL.	du départ.	présumée de l'arrivée au Corps.		Conscrits.	Suppléans.	Déserteurs rentrés.	Absens rentrés.	TOTAL.	Conscrits.	Suppléans.	Déserteurs rentrés.	Absens rentrés.	TOTAL.	Conscrits.	Suppléans.	Déserteurs rentrés.	Absens rentrés.	TOTAL.			
																										Nota. Aucun Conscrit ne sera porté sur cet état, s'il n'appartient à la levée de 1807 : il sera fait, pour les individus des autres levées, des états séparés par levée, et conformes à ce modèle.

MODÈLE coté H.

CONSCRITS de 1807.

LISTE NOMINATIVE des Individus désignés pour l'armée active, que le Conseil de Recrutement a reconnus ne pouvoir être mis en route que du 28 Février au 1.er Mai 1807.

ARRONDISSE-MENT.	CANTON.	NOMS des CONSCRITS.	LEURS PRÉNOMS.	NUMÉROS qu'ils occupent au Tableau général de la classe.	NUMÉROS qu'ils ont eus lors du tirage.	CAUSES pour lesquelles ils ne peuvent être mis en route.	INDICATION du lieu où ils sont en attendant qu'ils puissent être mis en route.		CORPS auxquels ils sont destinés.	ÉPOQUE présumée de leur départ.	DATE de l'envoi du Contrôle de ces Conscrits aux corps auxquels ils sont destinés	MUTATIONS.
							Chez eux.	À l'hôpital.				
							Il faudra mettre le chiffre 1 dans une de ces deux colonnes.					Les capitaines de recrutement indiqueront dans cette colonne les dates des départs effectués, les dates présumées de l'arrivée sous les drapeaux, les dates d'incorporation, la date du décès, si quelques-uns de ces Conscrits meurent; la date de la fuite, s'il en est qui se mettent dans le cas d'être déclarés réfractaires.

DEPARTEMENT d

COMPTE NUMÉRIQUE, rendu par le Préfet sur les Conscrits de l'an 1807 compris dans les Listes d'activité prescrites par l'art. 36 du décret du 8 Fructidor an 13.

				Observ.
NOMBRE des Conscrits portés sur les listes d'activité.				

NOMBRE de Conscrits appelés à marcher.

- Détenus remplacés, par suite de condamnation à des peines infamantes ou à un emprisonnement. *(Art.* 47, 2.ᵉ *paragraphe)*. . . . .

- Marchant en personne.
  - Réformés après la séance de clôture tenue par le conseil de recrutement, en exécution du 43.ᵉ paragraphe de l'instruction de M. le Directeur général des revues et de la conscription militaire. . . . .
  - Admis sous les drapeaux, suivant les récépissés des chefs de corps . . . .
  - Déclarés réfract., *(Art.* 67 *et suiv.)*
    - Qui ne se sont point présentés . . . .
    - Absens qui ne se sont pas conformé à l'art. 46.
    - Qui n'ont pas rejoint après av. été mis en rout.

- Dont les suppléans
  - Ont été admis sous les drapeaux. *(Art.* 54 *)*.
  - Ont déserté avant ou après l'incorporation *(Art.* 54 *)*, et cependant comptant en déduction pour avoir été arrêtés dans le mois de leur condamnation *(Art.* 58 *)* . . . .

NOMBRE de Conscrits restant en . . . . .

- réserve. .
  - Ouvriers des manufactures d'armes, placés à la fin de la réserve . . . . . .
  - Réserve disponible (*).
- dépôt . .
  - Placés à la fin du dépôt.
  - Reste du dépôt . . . . .

(*) Si des Conscrits de réserve ont passés dans l'armée active, en faisant la déclaration prescrite par les circulaires des 8 Germinal an 11, 12 Nivôse an 12, et 26 Nivôse an 13, le nombre en sera indiqué dans la colonne d'observations.

RÉCAPITULATION

Observ.

NOMBRE de ...

Conscrits — passés sous les drapeaux, suivant les récépissés des Chefs des corps . . . .

réfractair. —
1.º qui ne s'étaient pas présentés aux revues de départ ;

2.º absens, qui ne s'étaient pas conformés à l'art. 46 du décret du 8 Fructidor ;

3.º qui n'avaient pas rejoint après avoir été mis en route.

Arrêtés dans le mois de leur condamnation, et comptant en déduction du conting. (art. 72), — 1.º 2.º 3.º *

Suppléans —
incorporés , non compris les déserteurs , après l'admission sous les drapeaux (art. 55), et les réformés (art. 54) . . . .

déserteurs arrêtés dans le mois de leur condamnat., et comptant en déduction du contingent. (art. 58).

* Ce nombre doit être égal à celui que le Département aura dû fournir.

CORPS qui ont reçus les Conscrits ou des Suppléans, conformément aux répartitions, ou d'après l'autorisation du Directeur général des revues et de la conscription militaire.	CONTINGENT de ces Corps.	CONSCRITS et SUPPLÉANS incorporés.	
			La levé terminée, si quelq. Corps n'ont pas entièrement reçu leur contingent, le déficit proviendra de ce que les Conscrits destinés à ces Corps, déclarés réfractaires, ou condamnés comme Suppl. désert., ayant été arrêtés dans le mois de leur condamnation, auront compté en déduction. Les pertes de chaque Corps, quoique indiquées par la comparaison des deux colonnes ci-contre, devront l'être encore par observation.
TOTAL.			

MODÈLE coté *K.*

DÉPARTEMENT
d

ÉTAT des Conscrits de 1807 qui ont été

1.	2.	3.	4.	5.	6.	7.	8.
NUMÉROS D'ORDRE.	NOMS des CONSCRITS.	PRÉNOMS	DOMICILE.	NUMÉROS qu'ils occupent sur le tableau général de la classe.	NUMÉROS qu'ils ont eus lors du tirage.	INDICATION de LA CAISSE dans laquelle les 100 fr. ont été versés, et date du versement.	NOMS des REMPLAÇANS
1.	LEGRAND....	P.-Franç..	(*) { Baron..... Nantheuil... Senlis..... }	400.	43.	Caisse du Recev. particul. de l'arrondis. de Senlis. 24 Févr. 1807.	DUBOIS ...

admis par le Conseil de Recrutem. à fournir des Remplaçans.

9.	10.	11.	12.	13.	14.	15.
PRÉNOMS.	DOMICILE.	CLASSE de conscription à laquelle ils appartiennent.	LEUR TAILLE.	CANTON dans lequel ils ont concouru.	INDICATION DU CORPS sur lequel les Remplaçans ont été dirigés.	OBSERVATIONS.
Ch.-Adrien.	{ Lingueville. Liancourt... Clermont.. }	10.	mèt. mill. 1 760	Clermont...	2.ᵉ Régiment d'infanterie de ligne.	(*) On portera sur la première ligne le nom de la commune; sur la 2.ᵉ ligne, celui du canton; sur la 3.ᵉ ligne, celui de l'arrondissement.

DÉPARTEMENT
d

ÉTAT GÉNÉRAL des Conscrits

de 1807 congédiés en payant indemnité.

NUMÉROS D'ORDRE.	NOMS ET PRÉNOMS des CONSCRITS congédiés.	CANTON.	NUMÉROS de L'ARROND.	NUMÉROS que les CONSCRITS occupent sur le tabl. génér. de leur classe.	NUMÉROS qu'ils ont eus lors du tirage.	MOTIFS DE LA RÉFORME.	
						Déf. de taille.	*Infirmités.*
1.							
2.							
3.	*(Conservez ces distances.)*					*(Indiquer sommairement la taille des Conscrits réformés.)*	*(Indiquer la nature des infirmités.)*
4.							
5.							

MONTANT DES CONTRIB.ns payées en 1806 par les Consc. et par leurs pères et mères, au-delà de 50 francs.	MONTANT des INDEMNITÉS.	MONTANT des DÉCHARGES et RÉDUCTIONS.	RESTANT NET.	PAIEMENS EFFECTUÉS.	RESTANT à RECOUVRER.	OBSERVATIONS.
	(Lorsqu'à l'indemnité on aura ajouté moitié en sus, conformément à l'art. 46, §. 6 du décret du 8 Fructidor, ou lorsque l'indemnité aura été doublée, en exécution des art. 37 et 74, ou lorsque les Conscrits auront été taxés d'office pour n'avoir pas justifié du montant de leurs contributions, il en sera fait mention dans la colonne d'observations.)	*(On aura soin d'indiquer dans la colonne d'observations, la date des décisions du Directeur général. La même indication aura lieu dans les états de recouvrement de chaque mois, pour les décharges ou modérations accordées après la formation de cet état.)*				*Nota.* Les quatre colonnes qui précèdent, sont destinées à indiquer la situation progressive du recouvrom. des indemnités tant à la préfecture que dans les bureaux du directeur gén. On ne doit donc pas attendre qu'elles soient remplies p.r adresser l'état.

25

DÉPARTEMENT   MODÈLE coté **L**.

d

ÉTAT GÉNÉRAL des Conscrits de 1807, congédiés gratuitement.

NUMÉROS D'ORDRE.	NOMS ET PRÉN. des CONSC. CONGÉD.	CANTON.	NUMÉROS de L'ARROND.	NUMÉROS que les CONSCRITS occupent sur le tabl. génér. de leur classe.	NUMÉROS qu'ils ont eus lors du tirage.	MOTIFS DE LA RÉFORME. Déf. de taille.	Infirmités.	MONTANT des CONTRIBUTIONS payées en 1806 par les Conscrits et par leurs pères et mères.	OBSERVATIONS.
1.									
2.	(Conserver ces distances.)					(Indiquer la taille des Conscrits réformés.)	(Indiquer sommairem, la nature des infirmités.)		
3.									
4.									

INSTRUCTION relative à la Perception des Amendes prononcées contre les
Conscrits réfractaires, et leurs pères et
mères ; comme civilement responsables,
contre les Sous-Officiers et Soldats déserteurs, et contre les Complices des
Réfractaires et des Déserteurs.

Paris, le 11 Janvier 1807.

Le ministre de la guerre, en exécution du décret
impérial du 8 Juillet dernier, donne les instructions
suivantes :

TITRE PREMIER.

*Amendes auxquelles doivent être condamnés
les Conscrits réfractaires, les Sous-Officiers
et Soldats déserteurs, leurs Fauteurs et
Complices.*

ARTICLE PREMIER.

L'amende contre les conscrits réfractaires et contre
leurs pères et mères, comme civilement responsables,
est fixée à 1500 francs (articles 7 et 9 de la loi du
17 Ventôse an 8, et art. 9 de celle du 6 Floréal
an 11) ; mais elle peut, à dater de l'an 14, être ré-
duite au *minimum* de 500 francs, d'après l'avis des
préfets, et suivant les facultés des conscrits et de leurs
familles, et les circonstances qui ont donné lieu à les
déclarer réfractaires (art. 69 du décret impérial du
8 Fructidor an 13).

Elle est prononcée par le tribunal de première instance du domicile du conscrit réfractaire.

2. L'amende prononcée contre les sous-officiers et soldats déserteurs, est également fixée à 1500 francs (art. 9 de la même loi du 17 Ventôse an 8) : elle n'est pas susceptible de réduction.

Elle est prononcée par le jugement du conseil de guerre spécial, qui statue sur le fait de la désertion.

3. La loi du 24 Brumaire an 6 (art. 2) prononce une amende, dont le *minimum* est fixée à 500 francs et le *maximum* à 2000 francs, contre tout fonction-naire public convaincu d'avoir favorisé la désertion, empêché ou retardé le départ des conscrits.

4 La même loi (art. 4) en prononce une dont le *minimum* est de 300 francs et le *maximum* de 3000 francs, contre tout Français convaincu d'avoir recélé sciemment la personne d'un déserteur , ou d'avoir favorisé son évasion , ou de l'avoir soustrait d'une manière quelconque aux poursuites ordonnées par la loi.

5. La loi du 17 Ventôse an 8 (art. 13 et 14) prononce aussi une amende, dont le *minimum* est de 500 francs et le *maximum* de 1500 francs, contre les fonctionnaires publics convaincus d'avoir négligé de faire exécuter les lois relatives aux conscrits ré-fractaires, et contre les Français non fonctionnaires, convaincus d'avoir recélé un conscrit réfractaire, fa-vorisé son évasion, ou de l'avoir soustrait d'une ma-nière quelconque aux poursuites dirigées contre lui.

6. La loi du 28 Nivôse an 7 (art. 30), et le décret du 8 Fructidor an 13 (art. 60), en prononcent une dont le *minimum* est de 300 francs et le *maximum* de 1000 francs, contre tout docteur en médecine ou en chirurgie, tout officier de santé , tout agent d'ad-ministration civile , tout officier ou sous-officier de

l'armée convaincu d'avoir attesté à faux des infirmités ou des incapacités, ou d'avoir, à raison de ses visites et fonctions, reçu des présens ou gratifications.

Cette amende, et celles dont il est question dans les trois articles précédens, sont prononcées par les tribunaux de première instance, jugeant correctionnellement sur les preuves qui leur sont fournies par les procureurs impériaux (parties poursuivantes), de la culpabilité des prévenus.

TITRE II.

Fonctionnaires qui seront chargés de faire poursuivre lé paiement des amendes.

7. Les préfets seront, à l'avenir, spécialement chargés de faire poursuivre le paiement des amendes prononcées contre les conscrits réfractaires, leurs pères et mères, comme civilement responsables, et contre les sous-officiers et soldats déserteurs.

8. Les préfets feront également poursuivre le paiement des amendes auxquelles auront été condamnés tous fauteurs et complices des réfractaires ou des déserteurs.

9. La perception de ces diverses amendes se fera d'après les ordres des préfets, et sous la surveillance des sous-préfets, par les receveurs de l'enregistrement, chacun dans son arrondissement.

TITRE III.

Modèle d'exécution des dispositions précédentes.

10. Les jugemens rendus d'après la dénonciation du capitaine de recrutement et sur les arrêtés des

préfets, conformément aux art. 68 et 69 du décret du 8 Fructidor , contre les conscrits réfractaires , et contre leurs pères et mères, comme civilement responsables , au lieu d'être adressés par les procureurs impériaux près les tribunaux , aux directeurs de l'enregistrement , le seront aux préfets, en extrait séparé pour chaque condamné ; cet extrait sera conforme au modèle ci-joint n.º 1.er

Il en sera de même des jugemens rendus par les tribunaux, contre les fauteurs et complices des réfractaires et des déserteurs.

11. Les jugemens rendus par les conseils de guerre spéciaux , contre les sous-officiers et soldats déserteurs, seront, à l'avenir, transmis aux préfets par le directeur général des revues et de la conscription militaire.

12. Les préfets feront former un contrôle général des conscrits de 1806 qui auront été déclarés réfractaires et condamnés.

Ce contrôle sera conforme au modèle n.º 2.

Il sera divisé par arrondissement de sous-préfecture. et ces individus y seront inscrits suivant la date de leur condamnation.

Les préfets en ouvriront un semblable pour 1807 , et ainsi d'année en année.

13. Ils ouvriront, pour les déserteurs condamnés pendant les trois derniers mois de 1806 , un contrôle particulier (modèle n.º 3) ; il sera divisé par arrondissement de sous-préfecture.

Il sera ouvert un semblable contrôle pour les déserteurs condamnés pendant 1807 , et ainsi successivement d'année en année.

14. Un autre contrôle (modèle n.º 4), également divisé par arrondissement de sous-préfecture , sera

destiné à comprendre les fauteurs et complices des réfractaires, condamnés pendant les trois derniers mois de 1806.

Enfin un quatrième contrôle (même modèle), avec la même division, comprendra les fauteurs et complices des déserteurs, condamnés pendant les trois derniers mois de 1806.

Il sera ouvert de semblables contrôles pour 1807, et ainsi successivement d'année en année.

Une expédition de chacun des contrôles dont il est ci-dessus fait mention, sera adressée au directeur général des revues et de la conscription militaire.

15. Après avoir formé leurs contrôles généraux, les préfets adresseront, pour l'arrondissement du chef-lieu, les jugemens rendus contre les réfractaires, les déserteurs, et les fauteurs et complices des déserteurs et des réfractaires, aux receveurs de l'enregistrement; ils les enverront pour les autres arrondissemens, aux sous-préfets respectifs.

16. Les sous-préfets, sur ces jugemens, formeront pour leur arrondissement des contrôles semblables en tout à ceux dressés par les préfets ; ils transmettront ensuite les jugemens aux receveurs de l'enregistrement.

17. Quant aux jugemens rendus contre les déserteurs, les préfets les enverront aux sous-préfets, et ceux-ci, avant de les transmettre aux receveurs, les adresseront aux procureurs impériaux de leurs arrondissemens respectifs, pour être, à leur diligence, rendus exécutoires : les procureurs impériaux les leur enverront, après que la formalité prescrite par la loi du 17 Ventôse an 8 , aura été remplie.

18. Les receveurs auront pour les conscrits réfractaires, pour les sous-officiers et soldats déserteurs, pour les fauteurs et complices des réfractaires, et pour ceux des déserteurs, des sommiers particuliers, sur

lesquels ils porteront les individus ci-dessus désignés, à mesure que les jugemens leur parviendront.

19. Ils indiqueront exactement la classe de conscription à laquelle chaque conscrit appartient, le corps dont faisait partie chaque sous-officier ou soldat déserteur. Ils indiqueront également si les particuliers condamnés à l'amende l'ont été comme fauteurs et complices des réfractaires ou des déserteurs.

20. Les poursuites se feront à la requête du directeur général des revues et de la conscription militaire, et à la diligence des receveurs de l'enregistrement.

21. Avant de commencer les poursuites, les receveurs de l'enregistrement enverront, de huitaine en huitaine, à chacun des condamnés à l'amende, deux avertissemens sans frais (modèle n.º 5), pour qu'ils aient à payer le montant de cette amende.

22. Ces avertissemens seront adressés en double expédition aux maires des communes qui, après les avoir revêtus de leur *visa*, en feront remettre une au domicile du condamné, et, s'il est réfractaire, au domicile de ses père et mère, tuteur ou curateur.

L'autre expédition devra être affichée à la porte de la maison commune.

23. A l'expiration des quinze jours, les receveurs de l'enregistrement feront poursuivre tous ceux des condamnés dont la solvabilité leur sera connue ; quand aux autres, ils en remettront la liste aux sous-préfets avec les renseignemens qu'ils auront pu recueillir.

24. Les sous-préfets prendront auprès des maires et des contrôleurs des contributions, des renseignemens exacts sur la fortune des condamnés.

Ils pourront aussi adresser au directeur des contributions du département pour obtenir ces renseignemens.

25. Les maires et les contrôleurs des contributions adresseront aux sous-préfets les renseignemens qui leur auront été demandés ; s'ils croient les débiteurs insolvables, ils les feront connaître aux sous-préfets par des certificats clairement motivés.

26. Après s'être assurés de l'exactitude des certificats, et y avoir joint leur avis, les sous-préfets formeront, pour les individus jugés insolvables, des états distincts, conformes aux modèles ci-après :

1.º Pour les conscrits réfractaires, et leurs pères et mères, comme civilement responsables. (modèle n.º 6) ;

2.º Pour les soldats et sous-officiers déserteurs (modèle n.º 7) ;

3.º Pour les fauteurs et complices des réfractaires (modèle n.º 8) ;

4.º Pour les fauteurs et complices des déserteurs (même modèle).

Ces états seront, avec les pièces destinées à constater l'insolvabilité des individus qui s'y trouveront compris, adressés aux préfets.

27. Les préfets, après avoir vérifié le travail des sous-préfets, feront dresser en double expédition, dans les mêmes formes et pour tout le département, les états des insolvables ; ils les enverront, dans les vingt jours qui suivront l'expiration de chaque trimestre, avec toutes les pièces justificatives, au directeur général des revues et de la conscription militaire.

28. Les préfets donneront alors aux sous-préfets, s'il y a lieu, l'autorisation de suspendre les poursuites contre les individus portés en ces états, jusqu'à la décision du directeur général des revues et de la conscription.

Les receveurs de l'enregistrement seront informés de cette suspension.

29. Les maires et sous-préfets chargés de vérifier et de certifier l'insolvabilité des condamnés, apporteront la plus grande exactitude afin de prévenir les poursuites qui pourraient être exercées contre eux, en exécution des lois des 24 Brumaire an 6 et 17 Ventôse an 8.

30. Les conscrits réfractaires et leurs pères et mères, les sous-officiers et soldats déserteurs, et les fauteurs et complices des réfractaires ou des déserteurs, contre lesquelles les poursuites auraient été suspendues en vertu des ordres du directeur général des revues et de la conscription militaire, n'en demeureront pas moins passibles de l'amende à laquelle ils auront été condamnés, dans le cas où leur état d'insolvabilité viendrait à cesser.

31. Les sous-préfets, maires et receveurs de l'enregistrement, sont chargés de veiller à la conservation des droits de l'Etat, sur les biens qui pourraient appartenir dans la suite aux condamnés. Les rôles de contributions, compulsés chaque année, feront connaître aux préfets et aux maires les changemens qui pourront survenir à la fortune des condamnés : les receveurs de l'enregistrement en seront également informés par la communication qui leur est faite de tous les actes portant mutation de propriétés dans leur arrondissement.

32. La décision du directeur général des revues et de la conscription, portant suspension des poursuites, sera communiquée aux préfets, qui en feront faire mention, pour chaque individu, sur les contrôles dont il est question aux art. 12, 13 et 14 ci-dessus : il en sera donné connaissance aux receveurs, pour être de même par eux mentionnée sur leurs sommiers.

33. Les conscrits réfractaires et leurs pères et mères, les sous-officiers et soldats déserteurs, les fauteurs et complices des réfractaires ou des déserteurs, qui n'auront pas été compris dans la suspension ordonnée par le directeur général, seront poursuivis conformément aux lois.

34. L'expropriation forcée ne pourra se poursuivre que sur l'autorisation spéciale du directeur général des revues et de la conscription militaire, d'après l'avis des préfets.

35. Les préfets, après s'être assurés que le poursuivi est réellement propriétaire des biens dont l'expropriation doit avoir lieu, feront connaître au directeur général,

1.º La nature, l'étendue superficielle et la situation des biens dont ils provoqueront l'expropriation ;

2.º L'évaluation des revenus d'après les baux ou d'après la matrice du rôle de la contribution foncière ;

3.º La somme à laquelle l'adjudication pourra s'élever ;

4.º Le montant des créances hypothécaires payables avant l'amende, s'il en existe, et le montant des frais auxquels l'expropriation donnera lieu.

36. Lorsque le directeur général des revues et de la conscription aura décidé que l'expropriation forcée doit être poursuivie, les diligences nécessaires pour parvenir à l'adjudication seront faites par le receveur établi dans le lieu où siégera le tribunal devant lequel les poursuites devront être faites.

Il sera procédé à ces poursuites conformément aux lois.

37. S'il ne se présentait pas d'enchérisseurs dans les délais prescrits par la loi, ou si les enchères ne s'élevaient pas assez haut, le receveur poursuivant se

rendrait adjudicataire, sans cependant pouvoir surenchérir au-delà de ce qui lui aurait été prescrit par le directeur général des revues et de la conscription militaire.

38. A l'instant où l'expropriation aura été consommée, et l'adjudication faite au profit du receveur de l'enregistrement, les biens passeront avec les charges dans le domaine de l'Etat, et seront régis comme tels.

39. Pour subvenir aux frais des poursuites ci-dessus prescrites, il sera provisoirement ouvert aux préfets, sur le produit des amendes, un crédit qui ne pourra excéder 500 francs. Ils rendront compte de l'emploi de cette somme en même temps qu'ils feront connaître au directeur général de la conscription, la situation du recouvrement des amendes.

40. Les préfets rendront, tous les trois mois, à partir du 1.er Janvier 1807, au directeur général des revues et de la conscription militaire, par des états conformes aux modèles n.ºs 9, 10 et 11, compte de la situation du recouvrement des amendes prononcées contre les conscrits réfractaires et leurs pères et mères, et contre les sous-officiers et soldats déserteurs, et les fauteurs et complices des réfractaires ou des déserteurs. Les receveurs de l'enregistrement et les sous-préfets fourniront aux préfets les renseignemens dont ils auront besoin pour remplir ces états.

TITRE IV.

Des Amendes auxquels ont été condamnés les Conscrits réfractaires de la classe de l'an 14 et des classes antérieures, et leurs Fauteurs et Complices.

41. Dans les quatre premiers mois de 1807, les préfets établiront un contrôle général de tous les

conscrits réfractaires des classes antérieures à 1806, qui, ayant été condamnés comme tels, n'ont pas été rayés de la liste par l'autorité supérieure, ou qui n'auront pas payé en totalité l'amende à laquelle ils ont été condamnés.

Ce contrôle général sera subdivisé en quatres parties, une contiendra les réfractaires des années 9 et 10, une de ceux des années 11 et 12, une ceux de l'an 13, et une ceux de l'an 14. Il sera dressé de même un contrôle des individus condamnés comme fauteurs et complices des réfractaires antérieurement au 1.er Octobre 1806.

Ces contrôles seront conformes à ceux prescrits art. 12 et 14.

Une expédition en sera adressée au directeur général des revues et de la conscription.

42. Pour former les contrôles généraux prescrits par l'article précédent, les préfets prendront près des procureurs impériaux, et se feront fournir par les sous-préfets, les maires et les receveurs de l'enregistrement, tous les renseignemens dont ils pourront avoir besoin.

43. Les mesures prescrites pour constater l'insolvabilité des conscrits de 1806 et des années postérieures, les dispositions relatives aux poursuites à faire pour le recouvrement des amendes, et aux comptes à rendre à cet égard au directeur général, sont communes aux réfractaires des classes antérieures.

Il en est de même pour les fauteurs et complices des réfractaires.

TITRE V.

Des Amendes auxquelles ont été condamnés ; depuis la publication de la loi du 17 Ventôse an 8 jusqu'au 30 Septembre 1806, les Sous-Officiers et Soldats désertés, et de celles qui ont été prononcées contre leurs Fauteurs ou Complices.

44. Dans les quatre premiers mois de 1807, les préfets établiront un contrôle général des déserteurs condamnés depuis la publication de la loi du 17 Ventôse an 8, jusques et compris le 30 Septembre 1806 : ce contrôle sera formé par exercice et par arrondissement de sous-préfecture. Les cent jours de l'an 14 et les neuf premiers mois de 1806, ne formeront cependant qu'un seul et même exercice.

Il sera dressé un semblable contrôle des individus condamnés comme fauteurs et complices des déserteurs. Il sera divisé de la même manière que celui ci-dessus indiqué.

Ces contrôles seront conformes aux modèles prescrits art. 13 et 14.

Une expédition en sera adressée au directeur général des revues et de la conscription.

45. Pour former ces contrôles, les préfets se feront remettre par les préposés de la régie des domaines et de l'enregistrement, un état exact de tous les jugemens que leur administration, qui était precédemment chargée du recouvrement des amendes, leur a adressés : ces contrôles s'établiront aussi d'après les jugemens rendus à l'époque ci-dessus désignée, que Mr. le directeur général des revues et de la conscription militaire leur transmettra.

46. Pour faire effectuer le paiement des amendes prononcées contre les déserteurs, fauteurs et complices de la désertion portés sur les contrôles, ou pour constater l'insolvabilité des ces condamnés, en rendre compte à M. le directeur général des revues et de la conscription militaire; ainsi que la situation du recouvrement des amendes, on suivra ponctuellement les dispositions ci-dessus prescrites contre les déserteurs, fauteurs et complices de la désertion, condamnés depuis le 1.er Octobre 1806.

TITRE VI.

DISPOSITIONS GÉNÉRALES.

47. Les fonds provenans des amendes seront versés dans les caisses des receveurs généraux et de leurs préposés, comme par le passé.

48. Les remises à faire aux receveurs de l'enregistrement pour la perception des amendes, seront les mêmes que celles dont ils ont joui jusqu'ici.

49. Le ministre compte sur le zèle de MM. les préfets, sous-préfets, maires et receveurs d'enregistrement, pour l'entière exécution des dispositions prescrites en la présente instruction.

Pour le ministre de la guerre, absent :

Le ministre-directeur de l'administration de la guerre

DÉJEAN.

Suivent les Modèles.

EXTRAIT.

Pᴀʀ jugement rendu le
par le tribunal d

le nommé (*les nom ; prénoms ; commune , canton ,*
arrondissement et classe de conscription) a été condamné comme réfractaire , ainsi que (*les noms et*
prénoms de ses père et mère), comme civilement responsables, à l'amende de (*la somme en toutes lettres*),
pour n'avoir pas satisfait aux lois sur la conscription.

    (*Si c'est un fauteur ou complice de réfractaires*
        ou déserteurs.)

Le nommé (*les nom , prénoms , commune , canton*
et arrondissement) a été condamné à l'amende de
(*la somme en toutes lettres*), pour (*indication som-*
maire des motifs de condamnation.)

Pour extrait conforme, délivré le

            Le greffier du tribunal.

Mᴏᴅᴇ̀ʟᴇ

DÉPARTEMENT d

Controle général des Conscrits d condamnés à l'amende comme Réfractaires, ainsi que leurs pères et mères, comme civilement responsables.

Il doit être formé un Contrôle semblable à ce Modèle, pour les réfractaires de 1806;
Un pour ceux de 1807;
Et ainsi d'année en année.

(Article 12 de l'Instruction.)

Un pour les réfractaires des ans 9 et 10;
Un pour ceux des ans 11 et 12;
Un pour ceux de l'an 13;
Un pour ceux de l'an 14.

(Art. 41 de l'Instruction.)

26

N.os D'ORDRE.	NOMS ET PRÉN. des PÈRES et MÈRES.	NOMS ET PRÉN. des PÈRES et MÈRES.	DOMICILE. COMMUN.	CANTON.	DATE des JUGEMENS.	MONTANT des AMENDES.	INDIC. ET RÉSULTAT DES POURSUITES dirigées pour le recouv. de l'amende.	MONTANT DES SOMMES recouvrées.	OBSERVATIONS.
					I.er ARRONDISSEMENT.				
							Les renseignemens nécessaires pour remplir ces deux colonnes, seront fournis par les receveurs de l'enregistrement.		Dans le cas où le condamné aurait été jugé insolvable, il en sera fait mention dans cette colon. On y indiquera également les actes conservatoires qui auront été faits pour assurer les droits de l'Etat, dans le cas où l'insolvabilité viendrait à cesser.
Il n'y aura qu'une série de n.os pour tous les arrondiss.									

p. 390.

DÉPARTEMENT d

CONTROLE GÉNÉRAL des Déserteurs condamnés à l'amende de quinze cents francs pendant

---

Il doit être formé un Contrôle semblable à ce Modèle, pour les trois derniers mois de 1806 ;
Un pour 1807 ;
Et ainsi d'année en année.

(*Art.* 13 *de l'Instruction.*)

Un pour chacune des années 8, 9, 10, 11, 12 et 13 ;
Un pour les cent jours de l'an 14 et les neuf premiers mois de 1807.

(*Art.* 44 *de l'Instruction.*)

N.os d'Ordre.	NOMS ET PRÉNOMS des DÉSERTEURS.	LIEU DE NAISSANCE.		DOMICILE avant d'entrer au service.		GRADE	CORPS auquel appartient le Déserteur.	JUGEMENT.		MONTANT DES SOMMES recouvrées sur l'amende.	INDIC. ET RÉSULTAT DES POURSUITES dirigées p. le recouv. de l'amende.	OBSERVATIONS.
		COMMUNE.	DÉPARTEM.	COMMUNE.	CANTON.			SA DATE.	PRÉCIS DU JUGEM			
							I.er ARRONDISSEMENT,				Les renseignemens nécessair. pour remplir cette colonne seront fournis par le recevour de l'enregistrement.	Dans le cas où le condamné aurait été jugé insolvable, il en sera fait mention dans cette colon. On y indiquera égalem. les actes conservatoires qui auront été faits pour assurer les droits de l'Etat, dans le cas où l'insolvab. viendrait à cesser.

Il n'y aura qu'une série de n.os pour tous les arrondissemens.

DÉPARTEMENT d

Controle Général des Fauteurs et Complices des Réfractaires (ou Déserteurs) condamnés à l'amende pendant

Il doit être formé un Contrôle à ce Modèle, pour les trois derniers mois de 1806;
Un pour 1807;
Et ainsi d'année en année.

(*Art.* 14 *de l'Instruction.*)

Un pour chacune des années 8, 9, 10, 11, 12 et 13;
Un pour les cent jours de l'an 14 et les neuf premiers mois de 1806.

(*Art.* 41 *et* 44 *de l'Instruction.*)

N.os D'ORDRE.	NOMS ET PRÉN. des CONDAMNÉS.	PROFESSION.	DOMICILE.		DATE des JUGEMENS.	MONTANT des AMENDES.	INDIC. ET RÉSULTAT DES POURSUITES dirigées pour le recouv. de l'amende.	MONTANT DES SOMMES recouvrées.	OBSERVATIONS.
			COMMUN.	CANTON.					
						I.er ARRONDISSEMENT.			
							Les renseignemens nécessaires pour remplir ces deux colonnes, seront fournis par les receveurs de l'enregistrement.		Dans le cas où le condamné aurait été jugé insolvable, il en sera fait mention dans cette colon. On y indiquera également les actes conservatoires qui auront été faits pour assurer les droits de l'Etat, dans le cas où l'insolvabilité viendrait à cesser.

Il n'y aura qu'une série de n.os pour tous les arrondiss.

p. 395.

BUREAU

d

____

N.º

du Sommier.

AVERTISSEMENT.

A   *le*

Je vous préviens, M   , par ordre de
M. le Préfet du département, et au nom de M. le Conseiller d'État Directeur général des revues et de la conscription, que, par jugement du   vous avez
été condamné à l'amende d

Vous voudrez bien vous présenter à mon bureau, sous
huit jours, pour acquitter cette somme. Je suis chargé,
faute de présentation, de vous faire poursuivre avec
rigueur par les voies ordinaires de justice.

Le Receveur d'Enregistrement,

DÉPARTEMENT d

ARRONDISSEMENT.

ÉTAT des Conscrits réfractaires d

et de leurs Pères et Mères

(civilement responsables) *reconnus insolvables.*

Il doit être formé un Etat semblable à ce Modèle, pour
les Réfractaires de 1806 ;
   Un pour ceux de 1807 ;
   Et ainsi d'année en année.

         (*Art.* 26 *et* 27 *de l'Instruction.*)

   Un pour les Réfractaires des ans 9 et 10 ;
   Un pour ceux des ans 11 et 12 ;
   Un pour pour ceux de l'an 13 ;
   Et un pour ceux de l'an 14.

         (*Art.* 42 *de l'Instruction.*)

N.os D'ORDRE.	N.os du Contrôle général.	NOMS.	PRÉNOMS.	NOMS ET PRÉN. des PÈRES et MÈRES.	LEUR PROFESS.	DOMICILE.		DATE des JUGEMENS.	MONTANT de L'AMENDE.	OBSERVATIONS.
						COMMUNE.	CANTON.			

DÉPARTEMENT d

ARRONDISSEMENT.

ÉTAT des Déserteurs condamnés à l'amende de quinze cents francs pendant   reconnus insolvables.

Il doit être formée un État semblable à ce Modèle, pour les trois derniers mois de 1806 ;

Un pour 1807 ;

Et ainsi d'année en année.

   (*Art.* 26 *et* 27 *de l'Instruction.*)

Un pour chacune des années 8 , 9, 10, 11, 12 et 13 ;

Un pour les cent jours de l'an 14 et les neuf premiers mois de 1806.

   (*Art.* 46 *de l'Instruction.*)

1.	2.	3.	4.	5.	6.	7.	8.
N.ᵒˢ D'ORDRE.	N.ᵒˢ du Contrôle général.	NOMS ET PRÉN. des DÉSERTEURS.	LIEU DE NAISSANCE.		DOMICILE avant d'entrer au service.		GRADE.
			COMMUNE.	DÉPART.	COMMUNE.	CANTON.	

9.	10.	11.	12.	13.
CORPS auquel appartient le Déserteur.	JUGEMENT.		MONTANT de L'AMENDE.	*OBSERVATIONS.*
	SA DATE.	PRÉCIS DU JUGEMENT.		

DÉPARTEMENT d

ARRONDISSEMENT.

ÉTAT des Fauteurs et Complices des Réfractaires
(ou Déserteurs) condamnés pendant
reconnus insolvables.

Il doit être formé un État semblable à ce Modèle, pour
les trois derniers mois de 18o6 ;
　Un pour 18o7 ;
　Et ainsi d'année en année.

　　　　　(*Art.* 26 *et* 27 *de l'Instrution.*)

　Un pour chacune des années 8, 9, 1o, 11, 12 et 13 ;
　Un pour les cent jours de l'an 14 et les neuf premiers mois
de 18o6.

　　　　　(*Art.* 43 *et* 47 *de l'Instrution.*)

N.os D'ORDRE.	N.os du Contrôle général.	NOMS.	PRÉNOMS.	PROFESSION.	DOMICILE.		DATE des JUGEMENS.	MONTANT de L'AMENDE.	OBSERVATIONS.
					COMMUNE.	CANTON.			

DÉPARTEMENT d

TRIMESTRE d

ÉTAT de Situation du Recouvrement des Amendes prononcées contre les Conscrits réfractaires d

et leurs pères et mères, comme civilement responsables.

Il sera formé un État semblable à ce Modèle, pour les Réfractaires de 1806 ;
Un pour ceux de 1807 ;
Et ainsi de suite d'année en année.

(*Art.* 40 *de l'Instruction.*)

Un pour les Réfractaires des ans 9 et 10 ;
Un pour ceux des ans 11 et 12 ;
Un pour ceux de l'an 13 ;
Un pour l'an 14.

(*Art.* 43 *de l'Instruction.*)

Les individus contre lesquels le Directeur général aura ordonné de suspendre les poursuites, en raison de leur insolvabilité, ne seront pas compris dans ces États.

NUMÉROS		NOMS ET PRÉNOMS DES CONSCRITS et de leurs pères et mères.	DATE des JUGEMENS.	MONTANT des AMENDES.	INDICAT. ET RÉSULTAT DES POURSUITES dirigées pour le recouvrem. des amendes.	SOMMES PAYÉES				RESTANT à RECOUVRER.	OBSERVATIONS.
D'ORDRE.	du CONTROLE général.					Précédem-ment.	PENDANT LE TRIMESTRE.					
							Mois d	Mois d.	Mois d		
					Lorsqu'un Conscrit aura obtenu sa radiation de la liste des réfractaires, ou que ses père et mère auront obtenu la suspension des poursuites dirigées contre eux, il en sera fait mention dans cette colon.; on indiquera la date de la décision du Directeur général. Ces réfractair., ainsi que ceux qui auront acquitté le montant de l'amende ne seront plus compris dans les états de situation des trimestres suivans						

RÉCAPITULATION GÉNÉRALE de la Situation du Recouvrement des Amendes au

---

Montant des amendes à recouvrer (*).	Contrôle général . . . . 150,000 f.		
	1.er Contrôle supplémentaire . . . . 1,000.	152,500 f.
	2.e *idem* . . . . 1,500.	

Montant des radiat. ou suspensions.
- Trimestres antérieurs . . . . . : . 600 f.
- Trimestre courant . . . . 400. } 1,000.

Montant des sommes recouvrées.
- Trimestres antérieurs . . . . 10,000. } 12,000.
- Trimestre courant .
  - Mois d . . . 400.
  - Mois d . . . 400. } 1,000,
  - Mois d . . . 200.

RESTANT à recouvrer. . . . . . . 140,500.

(*) Les amendes prononcées contre les individus jugés insolvables, ne devront pas être comprises dans le montant ci-dessus indiqué.

DÉPARTEMENT d

MODÈLE du Contrôle des Conscrits et Suppléans de Conscrits de l'an 1806, du Département
d   , dirigés sur   Régiment d   stationné à   , sous
le commandement de M.   , accompagné des Sieurs

(Indiquer si le Commandant du détachement
et les Sous-Officiers qui l'accompagnent sont
destinés à rejoindre leurs drapeaux, ou s'ils
doivent continuer d'être chargés du recrutem.)

NUMÉROS			NOMS et PRÉNOMS.	SIGNALEMENT.	MUTATIONS.	OBSERVATIONS.
d'ordre ou d'inscription sur le contrôle.	sous lequel les Conscrits sont portés au tableau général de conscription de leur départ.	sous lequel ils sont compris dans la liste formée en exécution de l'article 12 du décret du 8 fructidor.				
	(Porter dans ces deux colonnes les numéros sous lesquels le Conscrit remplacé se trouve compris au tableau dont il est question.)					

CONSCRITS de l'an 1806.

NOMS et PRÉNOMS.	SIGNALEMENT.	MUTATIONS.	OBSERVATIONS.
JOUBERT (Jean).	fils de et de domiciliés à , canton d département d , né le à , canton d département d , domicilié à canton d , département d taille , cheveux sourcils , yeux front , nez bouche , menton visage , teint Marques particulières.	*Nota.* Le Commandant du détachement doit indiquer chaque jour, dans cette colonne, les mutations survenues par désertion, entrée aux hôpitaux, mort, etc. Ainsi lorsqu'un Conscrit aura déserté, le Commandant portera dans cette colonne, à son article : Déserté à , département d , le	*Nota.* Le Commandant du détachement sera tenu de remettre au Maire et au Commandant de la brigade de gendarmerie du lieu où quelque Conscrit aura déserté, copie de l'article du contrôle du détachement, contenant tous les renseignemens portés à cet article, et en outre, l'indication du corps pour lequel ce Conscrit était destiné. Ces deux fonctionnaires certifieront, dans cette colonne, à l'article de chaque déserteur, que son signalement leur a été remis, et signeront.

SUPPLÉANS de Conscrits de 1806.

NOMS et PRÉNOMS.	SIGNALEMENT.	MUTATIONS.	OBSERVATIONS.
JOUBERT (Jean), Conscrit de l'an Suppléant de LA-FOND (Jacques), de la comm. d canton d	fils de et de domiciliés à , canton d département d , né le à , canton d département d , domicilié à canton d , département d taille , cheveux sourcils , yeux front , nez bouche , menton visage , teint Marques particulières.	S'il rentre au détachement avant l'arrivé au corps, on notera : Rentré au détachement à département d , le Lorsqu'un Conscrit entrera à l'hôpital on portera : Entré à l'hôpital d , département d , le	L'Administrateur de l'hôpital certifiera l'entrée du Conscrit, et signera.

INDIVIDUS qui ne font point partie de la levée de 1806

NOMS et PRÉNOMS.	SIGNALEMENT.	MUTATIONS.	OBSERVATIONS.
JOUBERT (Jean), (Indiquer la levée dont il fait partie.)	fils de et de domiciliés à , canton d département d , né le à , canton d département d , domicilié à canton d , département d taille , cheveux sourcils , yeux front , nez bouche , menton visage , teint Marques particulières.	Si le malade rejoint son détachement avant son arrivée au corps, on notera : Rentré au détachement à département d , le Si le Conscrit meurt, on indiquera : Mort à , département d , le	Le Maire de la commune certifiera le décès, et signera.
JOUBERT (Jean), Enrôlé volontaire.	fils de et de domiciliés à , canton d département d , né le à , canton d département d , domicilié à canton d , département d taille , cheveux sourcils , yeux front , nez bouche , menton visage , teint Marques particulières.	Lorsque le Conscrit sera remis à la Gendarmerie pour le conduire aux drapeaux, on portera : Mis à la disposition de la brigade de gendarmerie d , département d , le , pour être conduit au corps.	Le Commandant de la brigade certifiera que le Conscrit a été mis à sa disposition, et signera.

Nota. Les Conscrits doivent être placés en tête du contrôle, ensuite les Suppléans, ensuite les individus qui ne font pas partie de la levée de 1806.

DÉPARTEMENT d

TRIMESTRE d

ÉTAT de Situation du Recouvrement des Amendes prononcées contre les Fauteurs et Complices des Réfractaires ou Déserteurs pendant

---

Il sera formé un État semblable à ce Modèle, pour les trois derniers mois de 1806 ;
Un pour l'an 1807 ;
Et ainsi d'année en année.

(*Art. 40 de l'Instruction.*)

Un pour chacune des années 9, 10, 11, 12 et 13 ;
Et un pour les cent jours de l'an 14 et les neuf premiers mois de 1806.

(*Art. 43 et 46 de l'Instruction.*)

Les individus contre lesquels le Directeur général aura ordonné de suspendre les poursuites, en raison de leur insolvabilité, ne seront pas compris dans ces États.

NUMÉROS		NOMS	DATE	MONTANT	INDICAT. ET RÉSULTAT	SOMMES PAYÉES				RESTANT	OBSERVATIONS.
D'ORDRE.	du CONTROLE général.	des CONDAMNÉS.	des JUGEMENS.	des AMENDES.	DES POURSUITES dirigées pour le recouvrem des amendes.	précédemment.	PENDANT LE TRIMESTRE.			À RECOUVRER.	
							Mois d	Mois d	Mois d		
					Les hommes qui auron acquitté le montant de l'amende ne seront plus compris dans les états de situation des trimestres suivan						
			p. 408.							p. 409.	

RÉCAPITULATION GÉNÉRALE de la Situation du Recouvrement des Amendes au

---

Montant des amendes à recouvrer (*).	Contrôle général .... 15,000 f.	
	1.er Supplément .... 500.	16,000 f.
	2.e Supplément .... 500.	

Montant des amendes à recouvrer (*).
{
Contrôle général .... 15,000 f.
1.er Supplément .... 500. } 16,000 f.
2.e Supplément .... 500.
}

Montant des décharg. et réductions.
{
Trimestres antérieurs .... 1,000.
Trimestre courant .... ». } 1,000.
}

Montant des sommes recouvrées.
{
Trimestres antérieurs .... 5,000.
Trimestre courant ..
{
Mois d   »
Mois d   1,000. } 1,000.
Mois d   »
} 6,000.
} 7,000.

RESTANT à recouvrer .... 9,000.

(*) Les amendes prononcées contre les fauteurs et complices des réfractaires jugés insolvables, ne devront pas être comprises dans le montant ci-dessus indiqué.

CIRCULAIRE du Directeur général des Revues et de la Conscription militaire, à Messieurs les Préfets, relative au paiement des indemnités dues par les Conscrits réformés des années 12, 13 et 14.

Paris, le 23 Janvier 1807.

1. En chargeant Messieurs les préfets, par ma circulaire du 29 Septembre dernier, de me faire connaître le résultat relatif au paiement des indemnités dues par les conscrits réformés, je n'ai point parlé des ans 9, 10, 11 et 12 ; je devais penser qu'il ne restait rien dû sur ces quatre années, le montant des indemnités devant toujours être acquitté dans les six mois, à compter de la réforme des conscrits.

2. Instruit, par le rapport de S. Exc. le ministre des finances, qu'il reste des recouvremens à faire sur ces exercices, l'état numéro 4 que j'avais demandé à cette époque est devenu insuffisant : il en est de même de celui dont S. Exc. le ministre des finances a fait passer le modèle à Messieurs les préfets ; car il ne contient pas tous les renseignemens propres à me faire connaître la situation exacte des préfets sous ce rapport. Je me vois donc forcé de prendre de nouvelles mesures.

3. En conséquence, je vous prie, Messieurs les préfets, d'établir votre situation au 1.er Octobre, pour les classes réunies des ans 9, 10, 11 et 12, dans un bordereau conforme au modèle n.º 1.er ;

4. D'établir votre situation pour l'an 13 dans un bordereau semblable ;

5. Et enfin, dans un troisième bordereau aussi semblable, votre situation pour l an 14.

6. Au-dessous de cette situation au 1.er Octobre, vous voudrez bien l'établir au 15 du même mois : j'ai besoin de cette coupure pour pouvoir vérifier les états qui m'ont été remis par le ministre des finances ;

7. Et au-dessous enfin, votre situation au 1.er Novembre, qui deviendra notre premier point de départ pour l'avenir, et qui m'est nécessaire pour la vérification des états qui me sont remis chaque mois par le ministre du trésor.

8. Vous voudrez bien m'envoyer, en même temps, les bordereaux de chacune des trois classes pour les mois de Décembre et Janvier. Ces bordereaux seront conformes au modèle n.º 2.

9. Vous m'enverrez ensuite, à dater de Février, le 10 de chaque mois, un bordereau conforme au même modèle n.º 2., présentant, pour chaque classe, votre situation au 1.er du mois.

10. A mesure qu'une classe se sera acquittée, les bordereaux ne m'en seront plus envoyés.

11. Au moyen de ces dispositions, l'état (modèle n.º 4), annexé à ma circulaire du 29 Septembre, ne me sera plus fourni.

12. Le bordereau (modèle n.º 3), joint à la même lettre du 29 Septembre, demandé pour 1806 et années subséquentes, cessera aussi de m'être envoyé, et sera remplacé par celui annexé à la présente sous le n.º 2.

13. Il a été prononcé sur toutes les demandes en decharge ou réduction d'indemnités adressées par Messieurs les préfets, conformément à l'art. 36 du décret du 8 Nivôse et à l'article 42 de celui du 8 Fructidor an 13. Je leur ai déclaré par ma circulaire du 29 Septembre, qu'aucune réclamation de cette nature ne pouvait plus être admise pour l'an 14 ou

années antérieures, *à moins qu'elles n'aient pour objet la rectification d'erreurs reconnues.*

14. J'admettrai toutefois les demandes qui pourraient être formées par les conscrits taxés d'office au *maximum* de l'indemnité, pour n'avoir pas produit en temps utile les extraits de leurs contributions, pourvu qu'ils en justifient sur-le-champ. Ces demandes me seront presentées suivant la forme usitée jusqu'a ce moment.

15. Quoique les indemnités aient été fixées d'après le montant des contributions, et proportionnellement aux facultés des conscrits et de leurs pères et mères, il peut s'en trouver quelques-uns qui soient dans ce moment hors d'état d'acquitter le montant de leurs taxes. J'autoriserai Messieurs les préfets, sur leur demande, et d'après les renseignemens précis qu'ils me fourniront sur la position de ces individus, à passer en mon-valeurs aux receveurs de leur département les sommes qu'ils se trouveront devoir, sauf la réserve des droits du gouvernement, dans le cas où l'insolvabilité viendrait à cesser. Cette insolvabilité devra être constatée, ainsi qu'il est prescrit dans l'instruction du ministre de la guerre, relative aux amendes, du 11 de ce mois.

16. Je désire qu'il ne me soit fait, autant que possible, qu'un seul envoi des demandes concernant les conscrits des ans 9, 10, 11 et 12, un pour ceux de l'an 13 et un pour ceux de l'an 14. Messieurs les préfets voudront bien joindre aux pièces produites pour constater la legitimité des réclamations, un état nominatif conforme au modèle n.º 3.

17. Il est important, pour apurer cette comptabilité, que Messieurs les préfets me mettent à portée de prononcer le plutôt possible sur toutes les affaires indécises qui y sont relatives. Il doivent aussi ne négliger aucun moyen pour forcer les conscrits débiteur à se libérer. Je désirerais pouvoir, au 1.er Avril prochain,

rendre à Sa Majesté, sur cette partie de mes attributions, le compte définitif que je lui dois.

18. Quant aux demandes en décharge ou réduction relatives à l'an 1806, elles seront faites sur des états conformés au modèle annexé à ma circulaire du 29 Septembre. Messieurs les préfets qui ne me les ont pas encore adressées voudront bien me les envoyer sans délai, ou me faire connaître qu'il ne leur en a point été présenté. Celles pour l'an 1807 me seront adressées au 15 Avril au plus tard.

19. Je n'ai reçu jusqu'à ce moment qu'un très-petit nombre des états des réformés que j'ai demandés par la même lettre du 29 Septembre. Je prie Messieurs les préfets qui sont en retard à cet égard, de me les faire parvenir sur-le-champ.

Veuillez bien, Messieurs les préfets, m'accuser réception de cette lettre.

J'ai l'honneur de vous saluer avec une considération distinguée.

J. G. Lacuée.

Suivent les Modèles.

INDEMNITÉS
DES CONSCRITS RÉFORMÉS.

DÉPARTEMENT

d

CLASSE
DES ANS 9, 10, 11, 12.

ÉTAT de Situation au 1.er Octobre 1806.

ARRONDISSEM.	MONTANT des RÔLES.	MONTANT des décharges et réductions.	RESTE NET.	PAIEMENS jusqu'au 1.er Octob.	RESTE dû au 1.er Oct.	OBSERVAT.
TOTAL....						

Situation au 15 Octobre.

TOTAL....						

Situation au 1.er Novembre.

TOTAL....						

Il sera formé trois états semblables à ce modèle ; un pour les ans 9, 10, 11 et 12, un pour l'an 13, et un pour l'an 14.

INDEMNITÉS DES CONSCRITS

DÉPARTEMENT

d

BORDEREAU du Recouvrement effectué

1.	2.	3.	4.	5.	6.	7.
	MONTANT DES INDEMNITÉS			MONTANT DES DÉCHARGES, REDUCTIONS OU NON-VALEURS		
ARRONDISSEM.	porté aux Border. précédens.	fixé pendant le mois.	TOTAL.	porté aux Border. précédens.	accordées pendant le mois.	TOTAL.

d

ANNÉE (celle où le recouv. a lieu.)

Mois d

au 1.er du mois d

8.	9.	10.	11.	12.	13.
RESTANT NET.	RECETTES			RESTANT à RECOUVRER.	OBSERVATIONS.
	des mois antérieurs.	du mois d	TOTAL.		

Il doit être formé chaque mois trois Bordereaux semblables à ce Modèle ; un pour les ans 9, 10, 11 et 12, un pour l'an 13 et un pour l'an 14.

Ce Bordereau sera également formé pour 1806 et années subséquentes, et remplacera celui n.º 3, demandé par la Circulaire du 29 Septembre.

MODÈLE N.º 3.

Il sera formé un état semblable à ce Modèle pour les Conscrits des ans 9, 10, 11 et 12, un pour ceux de l'an 13, un pour l'an 14.

DÉPARTEMENT d

ÉTAT des Demandes en décharge ou Réduction d'indemnités, pour les Conscrits d

N.ᵒˢ d'Ordre.	NOMS, PRÉNOMS, DOMIC. ET PROFESSION des Conscrits.	NOMS, PRÉNOMS, DOMIC. ET PROFESSION des pères et mères.	MOTIFS sur lesquels sont appuyées les demandes en décharge ou réduction.	MONTANT des CONTRIBUT. et de l'indemnité.	MONTANT de la DÉCHARGE proposée par le Préfet.			

MINISTÈRE DE LA GUERRE.

CIRCULAIRE du Directeur général de la Conscription militaire à Messieurs les Préfets des Départemens.

Paris, le 4 Février 1807.

L'article 24 de l'instruction du 4 Février 1807, relative à la perception des amendes prononcées contre les réfractaires et leurs pères et mères comme civilement responsables, contre les sous-officiers et soldats déserteurs, et les fauteurs et complices des déserteurs et réfractaires, charge MM. les sous-préfets de consulter les maires et les contrôleurs des contributions sur l'insolvabilité des condamnés. Il est, en conséquence, nécessaire que vous fassiez connaître aux maires les devoirs qu'ils auront à remplir à cet égard, et la sévérité qu'ils devront y apporter. Vous voudrez bien aussi donner aux contrôleurs des contributions, qui recevront de S. E. le ministre des finances l'ordre de déférer à toutes vos réquisitions, des éclaircissemens sur ce qu'ils auront à faire. Comme il eût été très-dispendieux d'envoyer l'instruction aux uns et aux autres, comme la plupart des dispositions qu'elle renferme ne les concernent point, et enfin comme vos instructions particulières atteindront mieux le but que je me suis proposé, je n'ai pas jugé utile de la leur adresser.

Les receveurs de l'enregistrement et des domaines étant, pour la perception des amendes, les agens de l'administration que Sa Majesté ma confiée, ils sont, par cela même, mis, pour cette partie, sous votre surveillance directe : ainsi, ayant à suivre et à régulariser leurs opérations sur cet objet, vous pourrez en leur adressant l'instruction, et dans toute autre circonstance, leur donner tous les renseignemens que vous jugerez nécessaire. Ils recevront de M. le conseiller d'état directeur général de l'enregistrement et des domaines, l'ordre de s'y conformer ponctuellement.

M. le directeur général de l'enregistrement adresse aussi des exemplaires de l'instruction à ses directeurs, inspecteurs et vérificateurs, afin qu'il puissent, en ce qui les concerne, en assurer l'exécution, et sur-tout suivre et presser la marche des receveurs.

Son Excellence le grand-juge ministre de la justice écrit enfin aux tribunaux ; il leur recommande de se conformer aux mesures que prescrit l'instruction, et de vous seconder de tous leurs moyens.

Le délai dans lequel les contrôles à former en exécution des articles 12, 13 et 14, doivent m'être adressés, n'a pas été fixé par l'instruction ; mais je désire qu'ils me parviennent dans les dix premiers jours d'Avril, et qu'ils soient portés jusqu'au 31 Mars inclus, afin de pouvoir, à dater du 1.er Avril, établir, pour chaque trimestre, la situation du recouvrement, conformément à l'article 40.

Ceux des contrôles dont la formation est prescrite par les art. 41 et 44, me seront envoyés au 10 Juillet ; ils présenteront le résultat des recouvremens jusqu'au 30 Juin. L'état de situation me sera ensuite adressé de trois mois en trois mois.

De concert avec M. le directeur de l'enregistrement, j'ai fixé au 1.er Mars l'époque à laquelle les agens de l'administration des domaines et de l'enregistrement, autres que les receveurs, cesseraient d'être directement chargés de poursuivre le recouvrement des amendes, et à laquelle ce service passera définitivement sous la surveillance de MM. les préfets. D'après cette disposition, les comptes qui me seront rendus pour le 1.er trimestre de 1807, seront établis sur des élémens qui, pour les deux premiers mois, appartiendront à la gestion des agens de l'enregistrement, et pour le dernier à celle des préfets. Cette division, qui ne s'applique qu'à la direction et surveillance du service, ne jettera aucun embarras dans la comptabilité.

Les précautions qui seront prises pour qu'aucun réfractaire ou déserteur n'échappe à la punition qu'il aura méritée, ne manqueront pas de concourir puissament au succès des levées des conscrits : c'est le véritable point de vue sous lequel doit être considérée la perception des amendes ; ainsi, quelques difficultés qu'elle présente, je compte sur votre zèle pour les surmonter.

J'ai l'honneur de vous saluer avec une considération distinguée.

J. G. Lacuée.

CIRCULAIRE du Conseiller d'Etat, Commandant de la Légion d'honneur, Directeur général de l'Administration de l'Enregistrement et des Domaines, aux Directeurs des Départemens.

Paris, le 9 Février 1807.

M. le conseiller d'état, directeur général des revues et de la conscription militaire, vient, Messieurs, en exécution du décret impérial du 8 Juillet dernier, de faire organiser un nouveau mode d'administration, relativement aux amendes prononcées contre les cons-

crits

crits réfractaires et les déserteurs des troupes de terre,
qui sont aujourd'hui dans ses attributions, et pour
lesquelles il donnera à l'avenir et *directement* les
instructions qu'il jugera convenables.

Suivant cette organisation, imprimée sous le titre
d'*Instruction du ministre de la guerre* et sous la date
du 11 Janvier dernier, les préfets seront spécialement
chargés de faire poursuivre, à la requête du directeur
général des revues et de la conscription militaire, le
paiement des amendes dont il s'agit. La perception
en sera faite d'après leurs ordres, et sous la surveillance des sous-préfets, par les receveurs de l'enregistrement, chacun dans son arrondissement.

Les receveurs auront une remise de cinq pour cent
sur le montant de la recette qu'ils feront pour cette
direction particulière. Cette partie devant cesser, quant
au principal des amendes, d'appartenir à l'administration de l'enregistrement, il lui importe d'en connaître la situation exacte au moment où elle sortira
de ses mains. Je suis convenu avec M. le directeur
de la conscription militaire, que ce serait *le* 1.er *Mars
prochain.*

Vous voudrez bien prescrire en conséquence aux
receveurs, 1.º de faire arrêter, le 28 Février courant,
au soir, leurs registres de recette des amendes des
conscrits réfractaires et des déserteurs *des troupes de
terre*, par le juge-de-paix ou par le maire du lieu,
ou son adjoint en cas d'absence ;

2.º De rédiger des états de situation conformes
aux modèles annexés à la présente, sous les numéros 1 et 2, et de vous les adresser dûment certifiés,
au plus tard *le* 10 *Mars prochain ;*

3.º De ne plus porter, *à partir du* 1.er *Mars*, sur
les registres et sommiers *de l'administration*, les
amendes des conscrits réfractaires et des déserteurs
des troupes de terre, dont la perception ne la concerne

plus, et pour lesquelles ils auront à ouvrir de nouveaux registres et sommiers aux frais de la direction de la conscription militaire, tant pour le passé que pour l'avenir.

Le décime pour franc, exigible en sus du principal desdites amendes, doit continuer d'être perçu par l'administration de l'enregistrement, s'agissant d'un produit qui appartient au trésor public. Il en sera toujours compté comme de ses autres recettes et comme par le passé, d'après les registres sur lesquels le principal des amendes aura été porté. Les inspecteurs en constateront et arrêteront le montant à la vue de ces registres. Ce décime se portera dans les états de mois, et dans les trimestres, sous le titre de *decime pour franc des amendes de conscrits réfractaires et des déserteurs des troupes de terre*, immédiatement après le décime pour franc des recettes de la première partie des états et comptes.

Les amendes prononcées contre les déserteurs *de la marine*, restent aussi dans les attributions de *l'administration de l'enregistrement, jusqu'à ce qu'il en soit ordonné autrement.* Toutes les instructions qui les concernent doivent donc continuer d'être exécutées. Les sommiers et registres qui ont servi jusqu'ici à ces amendes, continueront de même d'y être employés.

Le premier des trois tableaux *particuliers* imprimés au bas de la deuxième page des états de mois, contient le titres ci-après :

AMENDES des { *conscrits réfractaires.*
{ *déserteurs.*

Ce titre sera remplacé par celui-ci :
AMENDES des déserteurs de la marine.

Les divers changemens ci-dessus indiqués se feront à la main, jusqu'à ce qu'il y ait de nouveaux imprimés.

L'administration doit saisir l'occasion du nouvel ordre de choses dont je vous entretiens, pour se faire rendre compte également de la situation du recouvrement des amendes des déserteurs *de la marine au* 1.er *Mars prochain.* Cette situation sera présentée par un état particulier, conforme au modèle n.° 3, jointe à la présente. Les receveurs vous en feront l'envoi avec ceux relatifs aux conscrits réfractaires et aux déserteurs des troupes de terre. On portera dans cet état, pour la marine, tous les jugemens qui la concernent.

Lorsque les états des receveurs de votre département vous seront parvenus, vous voudrez bien en former des états généraux. Vous les ferez conformes aux modèles ci-joints n.ºs 4, 5 et 6.

Vous remarquerez que celui numéro 6, relatif à *la marine,* doit contenir *tous les articles de chaque bureau.* Cette différence des autres vient de ce que l'administration a besoin de plus de détails pour les choses *qu'elle continue de régir.* S'il lui devenait nécessaire d'en avoir de pareils pour les conscrits réfractaires et les déserteurs des troupes de terre, vous seriez à même d'y satisfaire, au moyen des états des receveurs *que vous aurez soin de conserver.*

J'attends de votre exactitude, que vous m'adresserez vos trois états généraux *au plus tard le 20 Mars.*

M. le directeur général de la conscription militaire va faire parvenir dans les départemens le nombre nécessaire d'exemplaires de son instruction du 11 Janvier, pour les préfets, sous-préfets et les receveurs; il m'en a fait remettre une quantité suffisante pour les directeurs, les inspecteurs et les vérificateurs, sur la demande que je lui en avais faite, pour qu'ils connaissent cette instruction dans tous ses détails. Vous en recevrez avec la présente . . . . . exemplaires.

Vous en réserverez un pour vous, et distribuerez les autres suivant leur destination.

28*

Les recouvremens faits pendant le mois de Février courant, seront compris dans l'état des produits de ce mois, comme ceux des mois antérieurs l'ont été ou dû l'être dans les états qui les ont concernés. Les receveurs n'en seront pas moins obligés de satisfaire aux dispositions de l'article 40 de l'instruction de M. le directeur général de la conscription militaire.

L'article 38 de cette instruction porte, en ce qui regarde les expropriations forcées ou les saisies immobiliaires, que si les biens étaient adjugés aux receveurs de l'enregistrement, ils seraient régis comme domaines nationaux. Si ce cas arrive, il devra en être rendu compte aux directeurs, qui en informeront de suite l'administration de l'enregistrement, et dans les attributions de laquelle les biens passeraient nécessairement.

Quoique la perception à faire des amendes des conscrits réfractaires et des déserteurs des troupes de terre, cesse de concerner, pour le passé comme pour l'avenir, l'administration de l'enregistrement, je n'en recommanderai pas moins aux receveurs de se montrer dignes de la confiance du Gouvernement, par leur zèle et leur exactitude à se conformer aux ordres et instructions de M. le directeur général de la conscription militaire. J'espère que les directeurs, les inspecteurs et les vérificateurs se prêteront de leur côté avec empressement à tout ce qu'on pourrait attendre d'eux, et qu'ils donneront des soins particuliers au recouvrement des amendes des déserteurs de la marine, ainsi qu'à la comptabilité *du décime* de celles qui sortent de nos mains.

Je vous prie de m'accuser, à leur arrivée, la réception de la présente, et des exemplaires qui l'accompagnent.

Je vous salue.

Suivent les Modèles.

BUREAU

d

CONSCRITS
RÉFRACTAIRES.

ADMINISTRATION DE

ÉTAT de Situation de toutes les Amendes
et mères, depuis l'origine jusqu'au

1.	2.	3.	4.	5.	6.	7.
NUMÉROS		NOM ET PRÉNOMS du CONSCRIT RÉFRACT.	DATE du JUGEMENT.	MONTANT de l'amende en principal	SOMME RECOUVRÉE	RESTE à recouvrer au 1.er Mars 1807.
d'Ordre du présent État.	du Sommier du bureau.					

L'ENREGISTREMENT ET DES DOMAINES.

prononcées contre les Conscrits réfractaires et leurs pères
1.er Mars 1807.

8.	9.	10.	11.
FRAIS DE POURSUIT. avancés par la caisse de l'administ.on	SOMME RENTRÉE sur les avances.	RESTE à RENTRER dans la caisse de l'administ.on sur les avances.	OBSERVATIONS.
			Nota. Dans le cas de non-paiement de tout ou partie de l'amende, par suite d'amnistie, de radiation de la liste des Réfractaires ou d'insolvabilité *constatée*, on laissera la septième colonne *en blanc*, et l'on fera les mentions nécessaires dans la colonne des observations, pour que l'on connaisse les motifs. Si l'on avait restitué l'amende ou ce que l'on en aurait reçu, on laisserait aussi *en blanc* les sixième et septième colonnes, et l'on indiquerait dans celle des observations, qu'elle a été la somme reçue et restituée, d'après quel ordre, la date de cet ordre, et celle de la restitution.

Certifié par le Receveur de l'Enregistrement et des Domaines:
A   le   1807.

BUREAU

à

——————

DÉSERTEURS
des Troupes de terre.

ADMINISTRATION DE

ÉTAT de Situation de toutes les Amendes
l'origine

1.	2.	3.	4.	5.	6.
NUMÉROS		NOM ET PRÉNOMS	DÉSIGNATION	DATE	MONTANT	SOMME
d'Ordre du présent État.	du Sommier du bureau.	du DÉSERTEUR,	du Corps auquel il appartient.	du JUGEMENT.	de l'amende en principal	RECOUVRÉE sur l'amende.

L'ENREGISTREMENT ET DES DOMAINES.

——————

prononcées contre les Déserteurs des Troupes de terre, depuis jusqu'au 1.er Mars 1807.

8.	9.	10.	11.	12.
RESTE à recouvrer au 1.er Mars 1807.	FRAIS DE POURSUIT. avancés par la caisse de l'administ.on	SOMME RENTRÉE sur les avances.	RESTE à RENTRER dans la caisse de l'administ.on sur les avances.	OBSERVATIONS.
				Nota. Dans le cas de non-paiement de tout ou partie de l'amende, par suite d'amnistie, de décharge quelconque ou d'insolvabilité *constatée*, on laissera la huitième colonne *en blanc*, et l'on fera les mentions nécessaires dans la colonne des observations, pour que l'on connaisse les motifs.
				Si l'on avait restitué l'amende ou ce que l'on en aurait reçu, on laisserait aussi *en blanc* les septième et huitième colonnes, et l'on indiquerait dans celle des observations, qu'elle a été la somme reçue et restituée, d'après quel ordre, la restitution a eu lieu, la date de l'ordre, et celle de la restitution.

Certifié par le Receveur de l'Enregistrement et des Domaines.

A   le   1807.

BUREAU

d

DÉSERTEURS
de la Marine.

ADMINISTRATION DE

ÉTAT de Situation de toutes les Amendes
jusqu'au

1.		2.	3.	4.	5.	6.	7.
NUMÉROS		NOM ET PRÉN.	INDICATION	DATE	MONTANT	SOMME	
d'Ordre du présent État.	du Sommier du bureau.	du DÉSERTEUR.	du Corps auquel il appartenait.	du JUGEMENT.	de L'AMENDE en principal.	recouvrée sur l'amende.

L'ENREGISTREMENT ET DES DOMAINES.

prononcées contre les Déserteurs de Marine, depuis l'origine
1.er Mars 1807.

8.	9.	10.	11.	12.
RESTE à recouvrer au 1.er Mars 1807.	FRAIS de poursuites avancés par les caisses de l'administration.	SOMME rentrée sur les avances.	RESTE à rentrer dans la caisse de l'administ. sur les avances faites.	OBSERVATIONS.
				Nota. Mêmes notes que pour l'état des Déserteurs de troupes de terre. De plus, on indiquera sur chaque article, dans la colonne des observations, la date et la nature des poursuites, et les causes qui retardent le recouvrement qui reste à faire.

Certifié par le Receveur de l'Enregistrement et des Domaines.
A   le   1807.

DÉPARTEMENT
.d

CONSCRITS
RÉFRACTAIRES,

ADMINISTRATION DE

ÉTAT RÉCAPITULATIF, par Bureau, de l'origine

1.	2.	3.	4.		5.	6.	7.
			A DISTRAIRE				
NOMS des BUREAUX.	NOMBRE de tous les articles en chaque Bureau.	MONTANT des AMENDES en principal.	NOMBRE des art. annullés pour cause d'amnistie, ou d'après des arrêtés de radiat., ou pour insolv. const.	MONTANT des amendes desdits articles.		NOMBRE des ARTICLES restans.	MONTANT des amendes desdits articles.

L'ENREGISTREMENT ET DES DOMAINES.

la Situation des Amendes des Conscrits réfractaires, depuis jusqu'au 1.er Mars 1807.

8.	9.	10.	11.	12.	13.
MONTANT des recouvrem. sur ces amendes.	RESTE à recouvrer au 1.er Mars 1807.	MONTANT des frais de poursuites avancés par les caisses de l'administration.	SOMMES rentrées sur ces avances.	RESTE à rentrer sur les avances dans les caisses de l'administration.	OBSERVATIONS.
					Nota. On comprendra dans les quatrième et cinquième colonnes les articles pour lesquels il aurait été reçu des sommes dont la restitut.ⁿ aurait été ordonnée et effectuée.

Certifié par le Directeur de l'Enregistrement et des Domaines.

A ______________ le ______________ 1807.

DÉPARTEMENT
d

DÉSERTEURS
des Troupes de terre.

ADMINISTRATION DE

ÉTAT RÉCAPITULATIF, par Bureau, de terre, depuis

1.	2.	3.	4.		5.	6.	7.
			A DISTRAIRE.				
NOMS des BUREAUX.	NOMBRE de tous les articles en chaque Bureau.	MONTANT des amendes en principal.	NOMBRE des articles annullés par amnistie, décharge quelconque ou insolvabil. constatée.	MONTANT des amendes desdits articles.	NOMBRE des articles restans.	MONTANT des amendes desdits articles.

L'ENREGISTREMENT ET DES DOMAINES.

la Situation des Amendes des Déserteurs des Troupes de l'origine jusqu'au 1.er Mars 1807.

8.	9.	10.	11.	12.	13.
MONTANT des recouvrem. sur ces amendes.	RESTE à recouvrer au 1.er Mars 1807.	MONTANT des frais de poursuites avancés par les caisses de l'administration.	SOMMES rentrées sur ces avances.	RESTE à rentrer sur ces avances dans les caisses de l'administration.	OBSERVATIONS.
					Nota. On comprendra dans les quatrième et cinquième colonnes, les articles pour lesquels il aurait été reçu des sommes dont la restitution aurait été ordonnée et effectuée.

Certifié par le Directeur de l'Enregistrement et des Domaines.
A   le   18 7.

DÉPARTEMENT
d

DÉSERTEURS
de la Marine.

ADMINISTRATION DE

ÉTAT de Situation de toutes les Amendes jusqu'au 1.er Mars 1807, dont les faire le recouvrement.

1.	2.	3.	4.	5.	6.	7.
NUMÉROS		NUMÉROS		.NOM ET PRÉN. du DÉSERTEUR.	INDICATION du Corps auquel il appartenait.	DATE du JUGEMENT.
d'Ordre du présent État.	du Sommier de la Direction.	d'Ordre de l'État du Receveur.	du Sommier du Bureau.			

L'ENREGISTREMENT ET DES DOMAINES.

prononcés contre les Déserteurs de la marine, depuis l'origine Bureaux du Département ont été chargés de poursuivre et

8.	9.	10.	11.	12.	13.	14.
MONTANT de l'amende en principal.	SOMME recouvrée sur l'amende.	RESTE à recouvrer au 1.er Mars 1807.	FRAIS de poursuites avancés par la caisse d'adminis-tration.	SOMME rentrée sur les avances.	RESTE à rentrer dans la caisse de l'administ, sur les avances faites.	OBSERVATIONS. Nota. Mêmes notes qu'au Modèle d'état que chaque Receveur aura à fournir.

Certifié par le Directeur de l'Enregistrement et des Domaines.
A   le   1807.

CIRCULAIRE du Directeur général, à Messieurs les Préfets des départemens, relative à la rentrée des Indemnités dues par les Conscrits réformés.

Paris, le 6 Mars 1807.

L'article 44 de l'arrêté du 18 Thermidor an 10 fixe à six mois, Messieurs les préfets, le délai dans lequel les indemnités dues par les conscrits réformés doivent être soldées. D'après ma circulaire du 29 Septembre dernier, ce délai a commencé à courir le 5 du même mois pour la levée de 1806, et il devait m'être adressé régulièrement chaque mois, des états destinés à me faire connaître le progrès des rentrées de ce produit.

J'ai, depuis, tracé, par mon instruction du 23 Janvier, un mode simple, d'après lequel ce compte devait m'être rendu. J'y rappelais aussi la nécessité de faire compléter, sans retard, le recouvrement des indemnités sur les classes antérieures, et je demandais, pour les années 9, 10, 11 et 12, une première situation séparée, quoique sur le même état, aux époques des 1.er et 15 Octobre et 1.er Novembre, et pareil état pour chacune des années 13 et 14.

Quelques préfets n'ont point encore satisfait à ces dispositions. J'ai vu par les états qui m'ont été fournis par d'autres, que le recouvrement des indemnités de 1806 est très-peu avancé dans certains départemens, et qu'il n'est nulle part entièrement effectué. Cependant le délai accordé est expiré. Je dois en conclure qu'il n'a pas été donné à cette partie de service toute l'activité dont elle est susceptible. Dans cette circonstance, je ne puis que vous inviter à lui imprimer le mouvement qu'elle doit avoir ; et sans doute je remarquerai dans les premiers états de situation que vous m'adresserez, l'effet des mesures que vous aurez prises à ce sujet.

Quant aux indemnités des classes antérieures, suivant les états que j'ai sous les yeux, la situation en est un peu plus satisfaisante. Il s'en faut néanmoins qu'elle soit celle que j'étais fondé à espérer. Il ne devrait, en effet, rien rester à recouvrer sur ces classes de conscription ; et il est encore dû des sommes assez fortes. Vous voudrez bien, Messieurs, les préfets, à la réception de cette lettre, prescrire les diligences nécessaires pour que le restant dû soit entièrement et incessamment soldé.

Plusieurs préfets ont pensé qu'il était inutile de m'adresser des états de situation pour les classes libérées antérieurement au 1.er Octobre. J'ai particulièrement fait connaître à ceux qui m'ont consulté à cet égard, que, quelle que fût la situation des différentes classes à cette époque, il ne devait pas moins m'en être envoyé un état, sauf à ne plus m'en faire parvenir ensuite, dans les cas où tout serait recouvré. Je prie Messieurs, les Préfets qui ont pu se croire dispensés, par le même motif, de l'envoi dont il s'agit, de se conformer à cette disposition.

D'autres, par une fausse interpretation du 8.e paragraphe de l'instruction du 23 Janvier, ont cru également ne pas devoir m'adresser de situation au 1.er Décembre, mais seulement au 1.er Janvier, pour les recouvremens faits en Décembre. Le sens de ce paragraphe ne pouvait paraître équivoque ; d'après les dispositions de celui qui le précède. L'époque du 1.er Novembre y est, en effet, indiquée comme le premier point de départ pour l'avenir. Il était évident dès-lors qu'il devait m'être adressé une situation par classe au 1.er de chacun des mois suivans. Il pouvait d'autant moins y avoir de doute à ce sujet, qu'en franchissant l'époque du 1.er Décembre, il y avait nécessairement lacune d'un mois dans le compte qui doit m'être rendu. Cette explication doit suffire pour que ceux qui ne m'ont point envoyé les situations au 1.er Décembre, me les fassent parvenir sans retard.

Les dispositions rappelées dans cette lettre concernant la levée de 1806, devront être appliquées à celles de 1807 et de 1808, pour lesquelles la situation des recouvremens s'établira d'après les mêmes modèles. Vous prescrirez les poursuites nécessaires pour que les indemnités de 1807 soient exactement acquittées dans le délai fixé, qui a commencé à courir le 15 Janvier ; et je recevrai sans doute incessamment les états des recouvremens qui ont déjà dû être faits.

Je dois renouveler à Messieurs les préfets qui sont encore en retard pour l'envoi des états des conscrits réformés de 1806, l'invitation contenue dans le 19.e paragraphe de l'instruction du 23 Janvier. Je ne me dissimule pas que ce travail est long, et que les opérations de la levée de 1807 ont pu entraver momentanément la formation de ces états ; mais il s'est écoulé un délai suffisant pour que ce motif, qui était commun à tous, ne puisse maintenant être admis pour ceux qui n'ont pas encore rempli leurs obligations sur ce point.

Je rappelle enfin à ceux de Messieurs les préfets qui ne m'out fait que des envois incomplets de demandes en décharge ou réduction d'indemnités relatives à la même classe, ou qui ne m'en ont adressé aucune, les dispositions du 18.e paragraphe de l'instruction dont il s'agit. Je les invite de nouveau à me faire parvenir, sans délai, toutes les demandes de cette nature qui ont pu leur être présentées, ou à me faire connaître qu'il ne leur en a point été remis.

Je vous prie, Messieurs les Préfets, de m'accuser réception de cette lettre.

J'ai l'honneur de vous saluer avec une considération distinguée.   J. G. Lacuée.

CIRCULAIRE du Directeur général de la Conscription militaire, à Messieurs les Préfets des Départemens.

Paris, le 7 Avril 1807.

Je vous transmets, Messieurs les préfets, avec un exemplaire de la circulaire que j'adresse à MM. les commandans de corps, relativement aux certificats de présence réclamés par les conscrits admis sous les drapeaux, le modèle d'après lequel ces certificats seront désormais délivrés. Cette pièce devra à l'avenir vous être fournie, pour preuve de l'incorporation des conscrits de votre département, dans tous les cas particuliers où il sera nécessaire qu'il vous en soit justifié.

Vous croirez, sans doute, devoir prévenir chaque année vos administrés que ceux d'entre eux qui, lors des levées, désireront se faire placer à la fin du dépôt, devront se procurer et produire ces certificats dans les délais prescrits, et n'ayant pas plus de trois mois de date. Ceux qui auront à fournir cette pièce pour obtenir leur radiation dans la liste des réfractaires, devront la présenter aussi avant qu'elle ait plus de trois mois de date.

J'ai l'honneur de vous saluer avec une considération distinguée. J. G. Lacuée.

CIRCULAIRE du Directeur général de la Conscription militaire, aux Commandans des Corps militaires.

Paris, le 7 Avril 1807.

J'ai remarqué, Messieurs, que les certificats délivrés par les conseils d'administration, pour constater

a présence des conscrits sous les drapeaux, ne pré-
sentaient que rarement les renseignemens propres à
faire reconnaître les individus qui les obtenaient ; ou
le signalement ne s'y trouve pas et les prénoms y sont
omis, ou l'on n'y désigne pas la classe de conscription ;
on n'y voit pas toujours si les conscrits servent pour
leur propre compte ou comme remplaçant.

Lorsqu'ils y sont indiqués comme remplaçans, les
noms et prénoms des remplacés, la classe et le département de ceux-ci, n'y sont pas relatés ; enfin, on
y recherche souvent en vain la date de leur incorporation.

J'ai cru devoir faire dresser et vous envoyer un
modèle qui réunisse toutes les indications nécessaires;
je vous prie de le suivre avec exactitude pour tous les
certificats que vous soumettrez à la signature du conseil
d'administration de votre régiment.

Je dois, à cette occasion, vous faire observer combien il importe que les individus qui réclament des
certificats de présence, les obtiennent dès qu'ils les
demandent. Ces pièces sont souvent nécessaires pour
faire rayer de la liste des réfractaires des individus
mal-à-propos condamnés. Souvent aussi, du retard
qu'on apporterait à les expédier, il pourrait résulter
que des jeunes gens ayant droit à être placés à la fin
du dépôt de leur classe, fussent privés de cette faveur.
Vous sentez, au surplus, sous combien de rapports
ces certificats de présence sont indispensables, et de
quel intérêt il est pour les conscrits ou leur famille
de pouvoir les produire à temps. Je suis donc persuadé
que vous veillerez à ce que ceux qui vous seront demandés soient promptement expédiés.

J'ai l'honneur de vous saluer avec considération.

J. G. Lacuée.

Suit le Modèle.

CERTIFICAT

D'ACTIVITÉ DE SERVICE.

(1) Désigner le Corps.

(2) Indiquer le nom et les prénoms.

Le Conseil d'administration d (1)
certifie que le nommé (2)   fils
d   et d   domiciliés
à   canton d   département
d   né le   à   canton
d   département d   domicilié
à   canton d   département
d   taille   cheveux
sourcils   yeux   front
nez   bouche   menton
visage   marques particulières
profession   conscrit de l'an (3)

(3) Indiquer si le Conscrit sert pour son propre-compte, ou s'il est remplaçant. Dans ce dernier cas, indiquer le nom, les prén. du remplacé, sa classe, et le départem. auquel il appartient comme Conscrit.

a été reçu sous les drapeaux le
a été signalé au registre matricule, sous le
n.º   et est présent au corps.

Fait à   le

Les Membres du Conseil d'administration,

Vu par le Sous-Inspecteur aux revues, ayant la police du corps; à

Nota. Ce Certificat doit être revêtu du timbre du Corps et de celui du Sous-Inspecteur.

CIRCULAIRE

CIRCULAIRE du Conseiller d'Etat, Directeur général des Revues et de la Conscription militaire, à Messieurs les Préfets des départemens, relative à l'envoi du Décret impérial, qui indique la destination des Conscrits qui se mutilent, et à ceux qui feignent des infirmités pour se faire réformer, ou montrent une volonté ferme de ne pas servir.

Paris, le 9 Avril 1807.

Je vous fais passer, Messieurs les préfets, le décret impérial du 6 Janvier dernier, relatif à la réforme et au remplacement des conscrits et suppléans de conscrits dirigés sur les corps, quoiqu'inhabiles au service, sur la destination à donner aux conscrits qui se mutilent et à ceux qui feignent des infirmités pour se faire réformer, ou montrent une volonté ferme de ne pas servir.

L'instruction arrêtée par S. A le prince ministre de la guerre pour l'exécution de ce décret, s'y trouve jointe.

Vous remarquerez que le titre VI de cette instruction vous concerne particulièrement ; veuillez bien y donner toute votre attention. Je vous ferai connaître, conformément à l'article 20, le nom des conscrits dont la réforme aura été prononcée, afin de vous mettre à portée de pourvoir à leur remplacement. Je vous informerai aussi de la réforme des suppléans,

29

pour que vous astreigniez ces conscrits à en fournir de nouveaux ou à rejoindre en personne.

Je vous prie, Messieurs les préfets, de m'accuser réception de cette lettre.

J'ai l'honneur de vous saluer avec une considération distinguée.   J. G. LACUÉE.

DÉCRET et INSTRUCTION sur la réforme *et le* remplacement *des* Conscrits *et Suppléans de Conscrits dirigés sur les Corps, quoique inhabiles au service, sur la* destination *à donner aux Conscrits qni se mutilent, et à ceux qui feignent des infirmités pour se faire réformer, ou montrent une volonté ferme de ne pas servir.*

DÉCRET.

EXTRAIT DES MINUTES
DE LA SECRÉTAIRERIE D'ÉTAT.

Au Quartier-général de Varsovie, le 6 Janvier 1807.

NAPOLÉON, EMPEREUR DES FRANÇAIS, ROI D'ITALIE;

Sur le rapport de notre ministre de la guerre, Nous avons décrété et décrétons ce qui suit :

ARTICLE PREMIER.

Tout conscrit qui sera réformé par l'inspecteur général, pour des vices d'organisation ou de conformation, ou pour des infirmités reconnues et constatées à son arrivée au corps, sera remplacé par son département, si ces vices ou infirmités existaient antérieurement au départ du conscrit de son département.

Le conscrit qui sera ainsi réformé, sera, comme s'il eût été réformé dans son département, passible de l'indemnité, s'il y est soumis par ses contributions et celles de ses père et mère.

2. Tout remplaçant accepté dans les départemens, qui sera réformé par l'inspecteur général, pour des vices de conformation ou d'organisation, ou pour des infirmités reconnues et constatées à son arrivée au corps, sera remplacé aux frais de celui qui l'aura fourni, si ces vices ou ces infirmités existaient antérieurement à l'admission du remplaçant.

3. Tout remplaçant accepté au corps, qui sera réformé par l'inspecteur général, sera remplacé aux dépens du chef du corps qui l'aura admis.

Il sera dressé un état particulier des réformés des remplaçans.

4. Tout conscrit qui se sera volontairement mutilé avant ou après son arrivée au corps, et rendu incapable de servir dans la ligne par l'effet de sa mutilation, sera envoyé par l'inspecteur général à un corps de pionniers pour y travailler pendant cinq ans. Si la mutilation est antérieure à son arrivée au corps, il sera remplacé ainsi qu'il est dit à l'article 1.er

5. Tout conscrit qui, après son arrivée au corps, aura feint, pour se faire réformer, une infirmité ou une maladie, ou qui aura montré une volonté ferme de ne pas bien servir, sera envoyé par l'inspecteur général à un corps de pionniers pour y travailler pendant cinq ans.

29*

6. Nos ministres sont chargés, chacun en ce qui le concerne, de l'exécution de notre présent décret.

Signé NAPOLÉON.

Par l'Empereur :

Le secrétaire d'Etat, signé HUGUES-B. MARET.

Le Ministre de la guerre,
Signé maréchal ALEX. BERTHIER.

INSTRUCTION.

TITRE PREMIER.

Visite des Conscrits, à l'époque de leur arrivée au Corps.

ARTICLE PREMIER.

A dater de la réception de la présente instruction, et dans les cinq jours de l'arrivée aux drapeaux de chaque détachement de conscrits, les chefs de corps, de dépôts ou de détachemens, feront visiter en leur présence, par l'officier de santé du corps, et, à son défaut, par l'officier de santé de l'établissement militaire ou civil le plus voisin, les hommes du détachement, soit conscrits, soit suppléans, qui leur auront paru impropres au service lors de la première inspection qu'ils en auront faite

2. Lorsque l'officier de santé et le chef de corps du dépôt ou détachement reconnaîtront qu'un de ces conscrits est impropre au service, et que ses infirmités ou vices de conformation existaient antérieurement

à son départ du département, ils dresseront un certificat de visite conforme au modèle n.º 1.er

3. Lorsqu'ils reconnaîtront qu'un de ces conscrits est impropre au service, mais que ses infirmités ou vices de conformation n'existaient point avant le départ du conscrit de son département, ils dresseront un certificat de visite dans la forme du modèle numéro 1.er, en y spécifiant que les infirmités n'existaient point avant le départ.

4. Les conscrits ainsi reconnus impropres au service n'en seront pas moins portés sur les registres du corps ; mais n'y étant admis que provisoirement, on pourra ne leur distribuer que les effets d'habillement et d'équipement nécessaires pour les vêtir et les faire reconnaître.

5. Les chefs de corps, de dépôt ou de détachement, adresseront au directeur général des revues et de la conscription militaire, dans les huit jours de la visite prescrite par les articles ci-dessus, l'état des hommes reconnus impropres au service : cet état sera divisé en deux parties ; l'une comprendra les hommes désignés dans l'article 2, et l'autre les hommes désignés dans l'art. 3.

Cet état sera conforme au modèle n.º 2 ; on y joindra une expédition du certificat de visite de chaque conscrit, dressé en exécution des articles 2 et 3.

Quant aux suppléans, on se conformera à ce qui est prescrit au titre VII de la présente instruction.

TITRE II.

Visite des Conscrits arrivés au Corps depuis le 6 Janvier 1807.

6. Dans les huit jours de la réception de la présente instruction, tous les conscrits arrivés aux drapeaux

depuis le 6 Janvier dernier jusqu'au jour de la réception, faisant partie de la classe de 1807, et des classes antérieures jusqu'à l'an 10 exclusivement, et ayant paru, au premier examen fait par le chef du corps, impropres au service, seront soumis à une visite semblable à celle qui est prescrite par l'art. 1er. Les résultats de cette visite seront consignés dans des états, et accompagnés de certificats semblables à ceux qui sont prescrits par les articles 2, 3 et 5, et adressés dans dans la même forme au directeur général.

7. Les Conscrits destinés pour les troupes de la marine, seront examinés suivant les formes et dans les délais prescrits pour les troupes de terre ; les chefs de ces corps, d'après l'ordre que le ministre de la marine et des colonies voudra bien leur en donner, adresseront au directeur général des revues et de la conscription militaire, les résultats de ces visites, dans des états et avec des certificats semblables à ceux qui ont été ci-dessus prescrits pour les troupes de terre.

TITRE III.

Inspection de réforme par les Généraux.

8. Chaque année, et à dater de 1807, dans les deux mois au plus tard qui suivront la levée d'une classe de la conscription, il sera nommé sur le rapport du directeur général des revues et de la conscription militaire, des inspecteurs généraux, ou à leur défaut, des généraux divisionnaires, pour inspecter les conscrits arrivés depuis la dernière revue, qui auront été provisoirement jugés par les chefs des corps ou détachemens, hors d'état de servir."

Le ministre ordonnera, s'il le juge convenable, que cette inspection ait aussi pour objet la réforme des anciens soldats, les propositions pour la retraite des vétérans et les invalides, des militaires de tout grade qui en seront susceptibles, ou toute autre partie du service : dans ce cas, il donnera des instructions particulières au général inspecteur.

9. L'officier général inspecteur, conformément à l'article 54 du décret du 8 Fructidor an 13, fera procéder, en sa présence, à une contre-visite des conscrits qui auront été jugés par le chef du corps ou détachement, hors d'état de servir.

Cette contre-visite sera toujours faite par un officier de santé attaché à l'hôpital militaire ou civil le plus voisin, mais autre que celui qui aurait pu être appelé par le corps. Le certificat de visite de l'officier de santé appelés par le général inspecteur, sera, suivant les cas, dresé conformément aux dispositions de l'article 2 ou à celles de l'article 3. Au bas de ces certificats, l'officier général inspecteur émettra son opinion, et sur l'époque des infirmités ou vices de conformation, ainsi qu'il est prescrit aux chefs des corps. Le général inspecteur se fera remettre les originaux des certificats de visites faites en exécution des articles 2 et 3, et prendra toutes les autres précautions qu'il jugera convenables, afin que l'officier de santé qu'il aura choisi n'ait pas connaissance de l'opinion de celui qui aura procédé à la première visite.

10. Quant au conscrits qui arriveront aux corps après la revue de l'officier général inspecteur, ils seront visités à leur arrivée par le chef de corps, ainsi qu'il est prescrit par le titre I.er de la présente instruction. Il en sera rendu compte au directeur général des revues et de la conscription militaire, qui en fera son rapport au ministre de la guerre ; et le ministre désignera, s'il y a lieu, des officiers généraux ou supérieurs, pour en faire une inspection extraordinaire.

Dans ces inspections extraordinaires, on ne pourra, sous aucun prétexte, présenter à l'inspecteur général aucun autre individu que les conscrits arrivés au corps depuis la revue prescrite en exécution de l'article 8.

11. Les conscrits dirigés sur les corps de la marine, provisoirement jugés par les chefs de corps, inhabiles au service, seront inspectés par un officier général que le ministre de la guerre désignera de concert avec le ministre de la marine.

12. Le directeur général des revues et de la conscription militaire donnera aux officiers généraux et supérieurs chargés par le ministre de la réforme des conscrits, toutes les instructions qu'il jugera convenables pour les mettre à portée de remplir l'objet de leur mission.

TITRE IV.

Comptes à rendre au Directeur par les Géné-raux chargés de l'inspection.

13. Le résultat de l'inspection des conscrits de chaque corps sera adressé, avec les pièces à l'appui, par le général inspecteur, au directeur général de la conscription : celui-ci mettra ce travail, avec son avis, sous les yeux du ministre qui prononcera défi-nitivement.

14. Le résultat de l'inspection de chaque corps sera consigné dans un état conforme au modèle n.° 2, divisé en deux parties, ainsi qu'il est dit art. 5.

Chaque état sera accompagné des certificats des officiers de santé appelés par l'officier général ins-pecteur, qui y joindra son opinion particulière.

15. Ces comptes seront rendus par chaque général inspecteur, à mesure qu'il aura terminé l'inspection de l'un des corps qui lui auront été indiqués.

Les généraux chargés de faire l'inspection pour les corps de la marine, rendront les mêmes comptes.

TITRE V.

Ordres à donner par le Directeur général.

16. Lorsque le ministre aura prononcé, le directeur général donnera des ordres pour que les conscrits réformés soient renvoyés, et fera connaître ceux qui devront passer dans d'autres corps, ceux qui devront être remplacés par les départemens, et ceux qui ne devront point l'être.

17. Lorsque les conscrits devront être remplacés par les départenens, il ne leur sera point donné de congé de réforme par les corps ; les conseils d'administration leur feront délivrer une feuille de route pour se rendre dans le lieu de leur domicile, et un certificat conforme au modèle n.° 3, constatant qu'ils ont été jugés impropres au service et qu'ils doivent être remplacés.

18. Les conscrits dont le directeur général aura ordonné, en exécution de la décision du ministre, le renvoi dans leurs foyers, mais qui ne devront pas être remplacés, recevront une feuille de route pour rentrer dans leur domicile, comme les militaires voyageant isolément ; il leur sera expédié des congés de réforme suivant les règles prescrites pour les anciens soldats.

19. Le directeur général prendra toutes les mesures nécessaires pour que les réformés qui doivent être remplacés par leur département, le soient sans nul délai.

TITRE VI.

Dispositions à faire par les Préfets.

20. En exécution des ordres qu'ils auront reçus du directeur général, les préfets feront opérer le rem-

placement des conscrits réformés pour des infirmités ou vices de conformation antérieurs à leur départ du département, par d'autres conscrits du département, suivant la classe à laquelle les réformés appartiendront.

La disposition de l'article 19 ne s'appliquera point aux conscrits des ans 9 et 10, vu que la responsabilité des départemens, pour ces deux classes, ne s'étendait pas au-delà du départ des détachemens.

Les remplaçans ne pourront être pris pour l'an 11 et l'an 12, que dans les quarts de supplément.

Pour l'an 13 et années subséquentes, ils seront pris conformément aux paragraphes 2 et 3 de l'article 61 du décret du 8 Fructidor an 13.

21. Les préfets, sur le vu du certificat du conseil d'administration du corps, et après vérification faite sur l'état qu'ils auront reçu du directeur général, porteront les conscrits qui devront être remplacés, sur l'état des réformes du département : ils leur feront ensuite délivrer une dispense définitive et les assujétiront au paiement de l'indemnité fixée par la loi, si leurs contributions et celles de leurs pères et mères les en rendent susceptibles. Si le conscrit ne se rendait point dans son département, il n'en serait pas moins assujéti à payer l'indemnité et porté sur l'état des réformés.

22. Les préfets feront particulièrement connaître au directeur général les résultats de cette opération ; ils les comprendront dans leur compte sur la levée de chaque classe de conscription.

TITRE VII.

De la réforme et du remplacement des Suppléans jugés inhabiles au service, pour des causes existantes antérieurement à leur admission.

23. Tous les suppléans de conscrits, à quelque classe qu'ils appartiennent, qui, étant encore dans

les dépôts, n'ont pas été définitivement admis par un inspecteur général, seront, conformément au décret du 8 Fructidor an 13, visités et contre-visités dans les délais fixés pour les autres conscrits. Il sera adressé par les chefs de corps, et par les généraux inspecteurs, au directeur général, des états séparés pour les suppléans, et conformes au modèle ci-joint n.º 3 : à ces états seront joints les certificats exigés art. 2, 3 et 15.

Lorsque les suppléans seront reconnus propres au service, mais ne réunissant point toutes les conditions prescrites par l'article 51 du décret du 8 Fructidor an 13, l'inspecteur général en fera mention dans son travail.

L'arrivée des suppléans aux corps, antérieure au 6 Janvier, ne dispense pas le conscrit d'en fournir un autre en cas de réforme, l'obligation en ayant été imposée par l'arrêté du 29 Fructidor an 12 et les décrets des 8 Nivôse et 8 Fructidor an 13.

24. Les suppléans reconnus par les chefs de corps, inhabiles au service, ou ne remplissant point les conditions prescrites par le décret du 8 Fructidor an 13, resteront, comme les autres conscrits, en subsistance dans le corps jusqu'à la décision du ministre ; ils ne recevront, comme ceux-ci, que les effets d'habillement et d'équipement nécessaires pour les vêtir et les faire reconnaître.

25. Les suppléans réformés ne recevront point de congés militaires : les conseils d'administration des corps leur délivreront, après la décision du ministre, comme aux conscrits marchant pour leur propre compte, un certificat constatant qu'ils ont été déclarés impropres au service.

Ils seront tenus de faire viser ce certificat par le conseil de recrutement de leur département.

Dans le cas où ils seraient eux-mêmes conscrits,

et où ils se seraient soustraits au paiement de l'indemnité, en ne déclarant pas leurs infirmités lors des désignations faites sur leur classe, ils y seraient astreints, si leurs impositions et celles de leurs pères et mères les en rendaient susceptibles.

26. Les suppléans réformés et renvoyés dans leurs foyers, seront, ainsi que les conscrits, traités jusqu'au lieu de leur domicile, comme les militaires voyageant isolément.

27. Les inspecteurs généraux réformeront, sans en référer au ministre, les suppléans qui, en vertu de l'autorisation du directeur général, auront été admis par les corps, lorsqu'ils ne seront pas en état de faire un bon service, ou qu'ils ne réuniront pas les conditions exigées par les lois; ils ordonneront le remplacement desdits suppléans, aux frais des chefs de corps qui les auront admis.

L'exécution de cette mesure est de rigueur; et les généraux inspecteurs distingueront, dans les comptes de leurs revues, les suppléans impropres au service que les chefs de corps auront acceptés.

28. Les généraux inspecteurs porteront sur un état séparé les suppléans qu'ils auront jugés en état de servir.

Le directeur général, après avoir pris la décision du ministre, donnera à leur égard des ordres particuliers aux préfets, et ceux-ci rendront des comptes séparés de l'exécution de ces ordres.

TITRE VIII.

De la destination à donner aux Conscrits qui se mutilent volontairement, qui feignent des infirmités, ou qui montrent une volonté ferme de ne pas bien servir.

29. Tout conscrit qui, avant le départ, se sera rendu incapable de servir, soit par l'effet d'une mu-

tilation, soit par l'application de caustiques, ou en se faisant arracher des dents, ou par tout autre moyen, sera envoyé à une des compagnies de pionniers créées par décret du 12 Mars 1806.

Les conseils de recrutement sont chargés d'appliquer cette peine auxdits conscrits, et de les faire conduire par la gendarmerie à la compagnie de pionniers la plus voisine.

30. Les conscrits qui se seront mutilés pendant la route ou depuis leur incorporation, seront condamnés à la même peine par les généraux inspecteurs, sur le rapport des chefs de corps; ils les dirigeront sur celle des compagnies qui se trouvera la plus voisine du corps.

31. Lorsque la mutilation du conscrit sera antérieure à son admission définitive, le général inspecteur en donnera avis au directeur général des revues et de la conscription militaire, afin qu'il puisse le faire remplacer par son département.

32. Les individus qui auront feint une infirmité pour se faire réformer, et ceux qui, ayant plus de six mois de service, auront montré une volonté ferme de ne pas bien servir, seront présentés, lors de la revue au général inspecteur. Sur le rapport du chef de corps, le général prononcera, s'il y a lieu, leur envoi à la compagnie de pionniers la plus voisine; ils y seront conduits comme les mutilés volontaires.

33. Le ministre de la guerre compte sur le zèle des généraux, des préfets et des chefs de corps, pour l'exécution de la présente instruction.

Paris, *le* 25 *Mars* 1807.

Pour le ministre de la guerre absent :

Le ministre-directeur de l'administration de la guerre,

DÉJEAN.

Suivent les Modèles.

CERTIFICAT DE VISITE.

Je soussigné (nom , qualité et emploi de l'officier de santé)

après avoir visité, en présence de M. (nom et grade de l'officier commandant le corps, le dépôt ou le détachement), *le nommé* (les nom, prénoms, signalement, domicile, etc., tels qu'ils sont portés au contrôle signalétique , et mention expresse s'il est et de qui il est remplaçant) *déclare en mon ame et conscience , qu'il est atteint* (détail des infirmités ou vices de conformation) *qui le rendent impropre au service militaire , et qui existaient antérieurement à son départ du département* (ou que ces infirmités ou vices de conformation n'existaient point avant son départ du département.)

Fait à   le

Je soussigné (chef du corps, du détachement ou dépôt) *certifie que le nommé* (les nom et prénoms), *visité en ma présence par M. N...., m'a paru atteint des infirmités détaillées au certificat ci-dessus ; que ces infirmités le rendent réellement impropre au service, et qu'elles existaient antérieurement à son départ du département* (ou qu'elles n'existaient point antérieurement à son départ du département.)

A   le

REGIMENT

ÉTAT NOMINATIF des Conscrits jugés
Détachement, et proposés pour la réforme
en exécution de l'Instruction du Ministre

1.	2.	3.	4.	5.	6.	7.
NUMÉROS D'ORDRE.	NOMS des CONSCRITS.	CLASSE de Conscript.on à laquelle ils appartiennent.	DÉSIGNATION DU LIEU où ils ont satisfait à la Conscription.			
			COMMUNE.	CANTON.	ARRONDISS.	DÉPARTEM.
	Les Conscrits du même département et de la même classe devront être placés à la suite l'un de l'autre.					

d

impropres au service par le Chef du Corps, Dépôt ou
par le Général Inspecteur
de la guerre sur le Décret du 6 Janvier 1807, art. 5.

8.	9.	10.	11.	12.
DATE.		NUMEROS sous lequel ils sont portés au Contrôle de signalem.	DÉTAIL des INFIRMITÉS.	OBSERVATIONS.
de leur départ du Départem.	de leur arrivée au Corps.			

REGIMENT

ETAT NOMINATIF des Suppléans de Conscrits Détachement, et proposés pour la réforme en exécution de l'Instruction du Ministre

1.	2.	3.	4.	5.	6.	7.
NUMÉROS D'ORDRE.	NOMS ET PRÉN. des SUPPLÉANS.	LIEU DE NAISSANCE. Commune.	Départem.	NUMÉRO sous lequel ils sont portés au Contrôle de signalem.	NOMS ET PRÉN. des CONSCRITS remplacés.	CLASSE de Conscript.ⁿ à laquelle ils appartiennent.
	Les Suppléans des Conscrits du même départem. devront être placés à la suite les uns des autres.					

d

jugés impropres au service par le Chef du Corps, Dépôt ou par le Général Inspecteur
de la guerre sur le Décret du 6 Janvier 1807, article 24.

8.	9.	10.	11.	12.	13.
DÉSIGNATION DU LIEU où les Conscrits ont satisfait à la Conscript.ⁿ Commune.	Canton.	Arrondiss.	Départem.	DÉTAIL DES INFIRMITÉS qui doivent donner lieu à la réforme des Suppl.	OBSERVATIONS.

LE Général   chargé d'inspecter pour la réforme les Suppléans des Conscrits présumés inhabiles au service, dans le (Régiment, Dépôt ou Détachement) déclare que tous les individus portés au présent Etat, dont il a examiné les pièces, et qu'il a inspectés avec le plus grand soin, sont hors d'état de faire aucun service.

Ou le Commandant au (Régiment, Dépôt ou Détachement) déclare qu'ayant visité, conformément a l'art. 1.ᵉʳ de l'Inst. du Ministre de la guerre, les Suppléans de Conscrits arrivés au Corps, il a trouvé tous ceux qui sont portés au présent État, impropres au service.

CERTIFICAT de réforme délivré en exécution de l'Instruction du Ministre de la guerre sur le Décret du 6 Janvier 1807.

Nous soussignés, Membres composant le Conseil d'administration, certifions que le nommé (nom, prénoms, domicile avant l'entrée au service, signalement, classe de conscription; et si c'est un suppléant, nom et prénoms du conscrit qu'il remplace)

a été réformé par décision du Ministre de la guerre, du   pour

(détail des infirmités.)

En foi de quoi nous avons signé le présent.

Fait à   le

CIRCULAIRE *du Directeur général à Messieurs les Préfets des Départemens.*

Paris, le 15 Avril 1807.

En exécution de l'article 39 de l'instruction du 11 Janvier, Messieurs les préfets, je viens d'arrêter un état de distribution dans lequel vous êtes compris pour un crédit.

Le crédit dont il s'agit est spécialement destiné à faire face aux avances pour frais de poursuites ; et comme ces frais sont à la charge des condamnés, les sommes qui sortiront de la caisse du payeur pour cet objet, devront rentrer dans le trésor public. Ces rentrées s'opéreront en même temps que le recouvrement des amendes dans les caisses des receveurs de l'enregistrement. Il sera donc nécessaire que ces receveurs aient, pour leurs arrondissemens respectifs, la note exacte du montant des mandats que vous aurez délivrés, et que vous leur fassiez connaître les noms des individus pour la poursuite desquels vous aurez fait compter des fonds, afin qu'ils puissent en exiger le remboursement. Ils en rendront compte comme du surplus de leurs recettes.

Vous ne devrez d'ailleurs délivrer des mandats que dans le cas où vous jugerez qu'il sera indispensable de faire des avances. Les amendes qui pourront être recouvrées dans un court délai, par l'effet d'un simple commandement, d'une saisie mobiliaire, ou d'une opposition entre les mains du débiteur du condamné, devront rarement donner lieu à ces avances, elles ne seront sans doute nécessaire que pour les expropriations forcées qui entraînent toujours des formalités longues et dispendieuses.

En autorisant ces expropriations, sur la proposition que vous m'en aurez faite, je réglerai la quotité des sommes dont il conviendra de faire l'avance aux avoués qui seront chargés de suivre ces sortes de procédures.

Comme, aux termes de l'instruction, il ne devra être exercé de poursuites que contre les individus dont la solvabilité aura été reconnue, je dois croire que toutes les avances de cette nature qui seront faites sur vos mandats, rentreront en caisse.

Vous me ferez connaître, à la fin de chaque trimestre, la situation du crédit dont il s'agit, par un état qui indiquera la quotité de ce crédit, le motif de chaque mandat que vous aurez délivré, et la |somme qui restera disponible.

Vous prescrirez aux receveurs de l'enregistrement d'établir dans les états de situation qu'ils sont tenus de dresser également par trimestre, une colonne destinée à énoncer le montant des frais rentrés sur les avances en question.

S'il arrivait que le fonds mis à votre disposition fût épuisé avant l'expiration du trimestre, il pourra vous être ouvert un nouveau crédit, sur la demande que vous m'en aurez fait parvenir en justifiant de l'emploi du précédent.

Je me suis occupé aussi des moyens d'exécution de l'art. 18 de l'instruction, relativement aux sommiers qui doivent être établis par les receveurs de l'enregistrement. Ces sommiers étant à la charge des fonds de la conscription, j'ai décidé qu'ils seraient fournis par les soins de MM. les préfets, et que la dépense en serait payée sur le crédit qui leur est ouvert.

Les mandats que vous délivrerez pour cet objet, devront être appuyés des mémoires de fournitures, que vous aurez préalablement fait examiner et réduire s'il y a lieu.

30*

Je dois tracer ici la marche à suivre pour la tenue de ces sommiers. D'abord vous devrez les coter et parapher, comme le faisaient précédemment MM. les directeurs de l'administration de l'enregistrement. Vous ferez mention, sur la première page, du nombre de feuillets dont chacun sera composé et de sa destination. Vous en enverrez ensuite trois à chaque receveur ; *savoir*, un pour les réfractaires, le second pour les déserteurs, et le troisième pour les fauteurs *et* complices des uns et des autres.

En faisant cet envoi aux receveurs, vous leur rappellerez, 1.º que les articles qui seront portés sur ces sommiers, devront présenter respectivement le détail indiqué dans les modèles de contrôles généraux sous les numéros 2, 3 et 4 qui sont joints à l'instruction ; 2.º que ces articles devront être inscrits à mi-marge ; 3.º que le blanc qui sera réservé, est destiné à faire mention des renseignemens demandés sur la solvabilité des condamnés, des poursuites dirigées contre-eux, des avances faites aux agens de justice pour ces poursuites, des recouvremens effectués, tant pour les frais (dont la quotité devra être indiquée), que sur le montant des amendes, et enfin des décharges ou suspensions qui auront été prononcées. Cette mention devra être faite d'une manière précise et par date.

Indépendamment de ces sommiers, les receveurs auront un registre pour inscrire, jour par jour, les recouvremens qu'ils feront. Ce registre, qui sera également coté et paraphé, ne devra pas être volumineux, attendu qu'il suffira que chaque article contienne la date du versement, le nom et la désignation du condamné pour lequel il sera effectué, et son numéro sur le sommier. Le même registre pourra être commun aux réfractaires, aux déserteurs et fauteurs de ces deux classes, qui ensemble forment la troisième ;

mais il sera établi sur la marge à droite de chaque page, trois colonnes dans lesquelles seront portées, en chiffres, les sommes versées à la décharge des individus de chacune de ces classes ; et dans la marge à gauche il sera fait mention du recouvrement des frais.

Encore bien que les fauteurs et complices des réfractaires et des déserteurs soient réunis sur le même sommier et semblent devoir être confondus comme formant la troisième classe, il sera néanmoins nécessaire qu'ils soient suffisamment désignés dans leurs articles respectifs, pour qu'il puisse en être formé séparément des contrôles généraux, ainsi que le prescrit l'article 14 de l'instruction Il sera aussi, à leur égard, établi des situations particulières de recouvrement par trimestre.

Les registres et sommiers devront, au surplus, être vérifiés, au moins une fois chaque trimestre, par MM. les sous-préfets. Ceux-ci vous adresseront le résultat de leur vérification, afin que vous puissiez me faire parvenir vos observations générales sur ce service, en me rendant compte de la situation du recouvrement des amendes.

Je vous prie, Messieurs les préfets, de veiller à l'exécution rigoureuse des dispositions de cette lettre, et de m'en accuser réception.

J'ai l'honneur de vous saluer avec une considération distinguée.

J. G. LACUÉE.

CIRCULAIRE du Grand-Juge Ministre de la Justice, Grand Officier de la Légion d'Honneur, à Messieurs les Préfets et les Procureurs impériaux des Tribunaux de Première Instance.

Paris, le 18 Avril 1807.

Vous connaissez, Messieurs, l'instruction dressée, le 11 Janvier dernier, par le ministre de la guerre, et relative à la perception des amendes prononcées contre les conscrits réfractaires, leurs complices ou fauteurs.

L'article 10 de cette instruction porte que : *jugemens rendus d'après la dénonciation du capitaine de recrutement, et sur les arrêtés du préfet, conformément aux articles 68, 69 et 70 du décret du 8 fructidor, contre les conscrits réfractaires, et contre leurs pères et mères, comme civilement responsables, au lieu d'être adressés par les procureurs impériaux près les tribunaux, aux directeurs de l'enregistrement, le seront aux sous-préfets, en extraits séparés pour chaque condamné.*

Vous remarquerez que cet article n'apporte des changemens qu'à l'envoi qui se faisait des jugemens : aux préposés de l'enregistrement et des domaines; et que l'extrait séparé pour chaque condamné n'ayant d'autre but que de servir à former les contrôles mentionnés aux art. 12, 13, 14, 15 et 16, tandis que les poursuites judiciaires ne peuvent avoir lieu que sur des expéditions authentiques des jugemens, il est indispensable que l'on continue de les faire imprimer.

Je crois devoir vous rappeler que les règles établies

par la loi du 29 frimaire an 8 sont communes à tous les actes et jugemens susceptibles d'être imprimés : en conséquence, quel que soit le nombre des conscrits réfractaires désignés dans un seul et même jugement, il ne doit en être fait qu'une copie générale et collective ; c'est la seule à passer en taxe au greffier, suivant les bases déterminées par la loi du 31 nivôse an 5. Cette copie est remise au procureur impérial, qui la livre sur-le-champ à l'impression, et prend des mesures pour surveiller l'exécution de la loi du 6 floréal an 11, notamment en ce qui concerne l'envoi des exemplaires imprimées au capitaine de recrutement, au commandant de la genmerie, au préfet et aux maires. Il suffit, pour remplir à cet égard le vœu des lois et arrêtés, de faire parvenir à ces différentes autorités des exemplaires collationnés et signés par le greffier. J'ai déjà fait connaître aux préfets, par une instruction du 20 novembre dernier, que l'affiche des exemplaires en placards était à la charge des administrations municipales, et qu'il ne pouvait être mis pour cet objet, aucune somme au compte du trésor public.

Il est dans l'ordre que le nombre des exemplaires à imprimer soit fixé de concert avec les préfets, de manière à procurer l'économie que comportent les dépenses publiques.

Le greffier du tribunal est chargé des détails de cette impression ; et il est autorisé par la loi du 29 Frimaire an 8, à réclamer deux décimes pour correction et épreuve de chaque feuille *in-folio* d'impression, mais pour un seul exemplaire, et quinze centimes pour collation et signature par pièce, c'est-à-dire, ici, pour chaque exemplaire imprimé qu'il est nécessaire de revêtir de cette formalité pour lui donner l'authenticité.

Toutefois les fournitures de papier et d'impression se paient directement à l'imprimeur sur ses mémoires.

Quant aux extraits que le ministre de la guerre a cru devoir prescrire, ils ne paraissent pas susceptibles de former plus d'un quart de rôle; et c'est le cas d'y appliquer l'art. 14 de la loi du 19 Décembre 1790 sur l'enregistrement, où il est accordé douze centimes et demi pour de semblables extraits.

Enfin, quoique ces frais ne soient point imputables sur les fonds affectés aux frais de justice placés dans mes attributions, il est nécessaire, pour la garantie des taxes et la régularité des paiemens, que les mémoires en soient soumis aux formalités de l'exécutoire et du *visa*.

Je compte sur votre exactitude à vous conformer à ces instructions, ainsi qu'à celles que je vous ai données par ma circulaire du 20 Novembre dernier.

Recevez l'assurance de mes sentimens affectueux.

REGNIER.

CIRCULAIRE du Directeur général, à Messieurs les Généraux commandant les Divisions militaires et les Départemens, les Préfets et Sous-Préfets, les Majors appelés à faire partie des Conseils de recrutement, les Capitaines de recrutement, et autres Officiers civils et militaires chargés de concourir à l'exécution des lois sur la Conscription.

Paris, le 28 Avril 1807.

Je vous fais passer, Messieur, le décret rendu le 18 Avril pas Sa Majesté l'Empereur et Roi, sur la levée de 1808.

Il vous fera connaître le contingent assigné à chaque département, tant pour l'armée active que pour la réserve.

Vous y verrez que le décret du 8 Fructidor an 13 doit être observé pour la levée de 1808, comme il l'a été pour les précédentes.

Mon instruction du 31 Décembre continuera également d'être suivie : je n'ajouterai à ce qu'elle prescrit que quelques explications dont l'expérience a demontré la nécessité. Comme il n'a été fait aucun changement aux modèles qui l'accompagnent, tout les comptes sur la levée de la classe de 1808 me seront rendus de la même manière et sous la même forme que pour la levée de 1807.

OBSERVATIONS PARTICULIÈRES.

1.er *Article 5 de l'instruction du 3 Décembre.* Tout individu omis sur les listes de la classe dans laquelle son âge le plaçait, devra, comme dans la levée précédente, être porté sur les listes de 1808; mais il sera fait, pour tous les cas de cette nature, une attention particulière à l'article 22 du décret du 18 Fructidor.

On devra infliger les peines portées par cet article, toutes les fois que l'on reconnaîtra que le conscrit a, de dessein prémédité, négligé de se faire inscrire ; on devra aussi dénoncer et faire poursuivre les fonctionnaires qui auront omis d'inscrire un ou plusieurs conscrits, toutes les fois qu'on sera convaincu qu'ils l'ont fait avec le projet de les soustraire à la conscription.

2. *Article 6 de l'instruction du 31 Décembre.* Beaucoup trop de sous-préfets ont été, pour 1807, autorisés à réunir plusieurs cantons au chef-lieu de l'arrondissement : pour 1808, cette autorisation ne

sera accordée que d'après les motifs les plus graves ;
il m'en sera particulièrement rendu compte.

3. *Article 12 de l'instruction du 31 Décembre.* Aux
explications déjà données sur l'art. 18 du décret du 8
Fructidor, je crois devoir ajouter les suivantes.

Le frère d'un remplacé ou d'un remplaçant n'a
point droit, par cela seul à être placé à la fin du dépôt.

Par enfant unique d'une veuve, on doit entendre
celui qui n'a ni frère ni sœur.

De deux frères appartenant à la même classe, quoique
non jumeaux, un a le droit d'être placé à la fin du
dépôt. Il en est de même de deux frères utérins.

Une mère veuve, âgée de 71 ans, et vivant du
travail de ses mains, a les mêmes droits que le père
du même âge.

4. *Article 13 de l'instruction du 31 Décembre.*
MM. les préfets ont été chargés de prévenir leurs
administrés qu'ils devaient fournir, dans les délais fixés,
les pièces destinées à constater leurs droits à être placés
à la fin du dépôt. Les chefs de corps ont reçu l'ordre
d'expédier, pour les hommes en activité sous leurs
drapeaux, les certificats de présence aussitôt qu'ils
leur seraient demandés. Cette précaution doit assurer
à tous ceux qui y ont des droits réels, l'application
de l'art. 18 : cependant, comme la levée a été très-
rapprochée, et comme il est des conscrits qui, récemment partis, n'auront point pu encore adresser à leurs
familles des certificats d'activité ; comme il en est aussi
un grand nombre d'autres qui appartiennent à des
corps trop éloignés pour que les mêmes certificats
puissent être fournis par eux, MM. les préfets pourront provisoirement, pour les conscrits de l'an 1807,
considérer comme présens aux drapeaux ceux d'entre-
eux qui, portés sur les contrôles de départ, n'auront
point été indiqués comme ayant quitté leur détachement ou leur corps.

Les conscrits dont les frères ne seront pas dans le cas ci-dessus spécifié, et qui auront par conséquent à justifier des titres qui leur donnent droit à l'application de l'art. 18, seront tenus de les produire avant le 15 Juillet. Ceux qui, à cette époque, n'auront pas fourni les preuves exigées d'eux, seront dirigés sur l'un des corps auxquels le département fournit, si le contingent n'est pas complété. Si le contingent de l'armée active et de la réserve est arrivé en totalité sous les drapeaux, ces conscrits seront placés en tête de la liste pour l'année suivante.

5. *Article* 14 *de l'inst. du* 13 *Décembre.* Tout aspirant à l'école polytechnique, à qui un professeur du Lycée, ou de tout autre établissement autorisé délivrera un certificat dans lequel il déclarera qu'il croit, en son ame et conscience, que N...., son élève, est assez instruit pour être admis à l'école impériale polytechnique, obtiendra du conseil de recrutement un sursis de départ jusqu'au 1.er Novembre. A cette époque, il devra être rendu à l'école polytechnique, s'il est admis : dans le cas contraire, il sera dirigé sur l'un des corps qui se recrutent dans le département.

6. *Article* 21 *de l'inst. du* 31 *Décembre.* L'officier de santé, employé près le conseil pour la levée de 1807, ne pourra, à moins d'impossibilité de le suppléer, être employé pour celle de 1808.

Toutes les fois que plusieurs officiers de santé, médecins ou chirurgiens, mériteront la confiance du conseil de recrutement, ils seront tous désignés pour la visite des conscrits : une heure avant l'ouverture de chaque séance, il sera fait un tirage pour savoir lequel d'entre-eux devra y assister ce jour-là. Le Préfet lui notifiera sa désignation.

7. *Article* 22 *de l'inst. du* 31 *Décembre.* Les conseils de recrutement ne peuvent, sous aucun prétexte, se

dispenser de se transporter dans chaque chef-lieu de sous-préfecture ; il convient qu'ils se transportent en outre dans le plus grand nombre possible de chefs-lieux de canton.

Il est important que les sous-préfets assistent aux séances du conseil de recrutement qui se tiennent dans leur arrondissement ; ils doivent lui rendre compte des motifs de toutes leurs opérations , et font , en quelque sorte , les fonctions de rapporteur, lorsqu'il y a matière à discussion.

8. Les suppléans pour 1808 pourront être pris dans les classes des ans 11 , 12, 13 , 14 , 1806 et 1807.

Aucun individu ne pourra être admis comme suppléant, s'il n'a la taille d'un mètre 651 millimètres (ou 5 pieds 1 pouces), et s'il ne réunit d'ailleurs les autres qualités exigées par les décrets.

Un conscrit destiné pour un corps d'elite, qui fera ensuite admis à se faire remplacer, ne pourra , quelle que soit sa taille, fournir pour suppléant qu'un homme de la taille exigée pour l'arme dont le corps auquel il est destiné fait partie.

9. *Article* 29 *de l'inst. du* 31 *Décembre.* MM. les préfets devront porter une attention particulière sur les enrôlemens contractés avant les désignations ; ils veilleront à ce que les procès-verbaux m'en soient exactement adressés ; ils exigeront que les père et mère leur fournissent, par des certificats de présence, la preuve que celui qu'on dit enrôlé est réellement sous les drapeaux du corps auquel il aura dû se rendre.

10. *Article* 31 *de l'inst. du* 31 *Décembre.* Parmi les conscrits mutilés volontaires , on devra comprendre ceux qui, ayant perdu les dents , seront justement soupçonnés de se les être fait arracher.

11. *Article* 35 *de l'inst. du* 31 *Décembre.* Nulle décision du conseil de recrutement ne pourra être

modifiée après la séance de clôture, que sur mon approbation spéciale.

Il en sera de même si, avant cette séance, les trois membres du conseil qui auront concouru à la première décision, ne sont point présens.

12. *Articles* 37, 38 *et* 39, *de l'inst. du* 31 *Décemb.* La séance spéciale dont il est question dans l'art. 37 de mon instruct. du 31 Décembre aura lieu le 18 Juin.

C'est alors que s'exécuteront les dispositions des articles 37, 38 et 39 de l'inst. du 31 Décembre, à l'égard des conscrits désignés à ajourner à l'année suivante ou à envoyer à l'hôpital.

13. *Articles* 43 *et* 45 *de l'inst. du* 31 *Décembre.* L'époque du dernier départ est fixée au 20 Juin. La séance de clôture aura lieu ce jour-là. Le procès-verbal de cette séance me sera adressé du 1.er au 15 Juillet.

14. *Article* 51. Si l'ordre contenu dans cet article eût été exécuté, il ne m'aurait pas été porté des réclamations vives et nombreuses contre le départ de numéros très-élevés.

Comment, en effet, un conscrit qui a obtenu le n.º 80, par exemple, dans un canton qui ne doit fournir que vingt ou vingt-cinq conscrits, peut-il se persuader qu'il doit marcher, si une feuille d'émargement rendue publique avec une espèce de prodigalité, ne lui prouve que tous les numéros antérieurs au sien ont été ou appelés, ou exemptés avec justice? MM. les préfets sentiront combien il importe au succès des levées, que tous les conscrits qui sont appelés soient bien convaincus qu'ils devaient marcher; et cette conviction ne peut naître que de la connaissance donnée au public, d'une liste qui présentera dans chaque canton, la série des numéros du tirage de ce canton, et la situation des individus qui les auront obtenus.

15. *Articles* 53, 55, 56 *et suivans de l'inst.* du 31 *Décembre.* On a jusqu'ici remarqué dans les contrôles de signalement, des omissions et des irrégularités. Les omissions portent sur-tout sur la profession des suppléans, ou des conscrits marchant pour leur propre compte; sur les récépissés des maires, des officiers de gendarmerie, ou des économes d'hôpitaux.

Les irrégularités proviennent, en général, du défaut de conformité des contrôles avec le modèle coté C joint à l'instruction du 31 Décembre. Pour les prévenir par la suite, il est indispensable que les contrôles pour 1808 soient imprimés sur ce modèle : aucun des détails qu'il renferme ne doit être omis, soit dans le titre, soit dans les feuilles intercalaires, soit enfin dans le résumé. C'est de cette uniformité que dépend la bonne tenue des contrôles des corps et de la conscription, que je ne saurais trop recommander à MM. les préfets et capitaines de recrutement.

16. *Article* 54 *de l'inst. du* 31 *Décembre.* Les tableaux de conscription n'étant pas formés, la première colonne des numéros ne pourra pas être remplie.

17. *Articles* 72, 73 *et* 74 *de l'inst, du* 31 *Décembre.* Les conscrits destinés à l'armée d'Italie passeront par Chambéry, pour cette levée comme pour les précédentes : ils seront conduits et inspectés comme ils l'ont été jusqu'à ce jour.

OBSERVATIONS GÉNÉRALES.

18. Dans plusieurs départemens on a continué d'appliquer aux conscrits qui en faisaient arrêter un, insoumis ou réfractaire, l'article 27 de l'arrêté du 29 Fructidor an 11. Cet article est abrogé, et ses dispositions ne doivent, en aucun cas, être suivies.

19. Les substitutions n'ont pas toujours été assez exactement surveillées : elles ont trop souvent donné à

l'armée des hommes faibles pour des conscrits robustes.
Le substitué doit être au moins aussi en état de faire
un bon service militaire, que celui dont il prend la
place. Les conseils de recrutement doivent veiller à ce
que les substitutions n'aient lieu qu'à cette condition,
et à ce qu'elles ne s'opèrent que pendant le temps où
la loi les a autorisées.

20. Les myopies simulées deviennent chaque jour
plus nombreuses : la réforme ne doit être prononcée
pour cette cause, qu'après le plus rigoureux examen.
La sévérité à cet égard ne saurait être portée trop
loin empêcher que les jeunes gens ne soient tentés
de recourir à des moyens qui, après avoir affaibli la
vue, finissent par la détruire, c'est rendre un service
important à l'humanité.

21. Les plaintes qui ont été portées au gouvernement contre les opérations de 1807, roulent presque
toutes sur celles qui sont confiées aux sous-préfets.
Ici, le nombre des bulletins n'était pas le même que
celui des conscrits ; là, les bulletins n'étaient pas tous
parfaitement uniformes ; ailleurs, on a supçonné que
des bulletins avaient été distribués avant le tirage,
ou dounés au moment même où le conscrit mettait
la main dans l'urne. On a, dans quelques autres en-
droit, prétendu que l'article 18 avait reçu des exten-
sions illégales. On s'est plaint que les toises n'étaient
pas toujours exactes ; qu'il s'était commis quelques
fraudes dans la manière de toiser ; que des conscrits
avaient été déclarés hors d'état de servir, quoique leurs
infirmités ou difformités ne fussent pas très-évidentes.
Un examen approfondi m'a prouvé la fausseté du plus
grand nombre de ces assertions ; mais il suffit qu'elles
aient été énoncées, pour que je doive les faire connaître aux sous-préfets, afin qu'ils ôtent tout prétexte
à la calomnie, et aux conseils de recrutement afin qu'ils
examinent, avec un grand soin, les opérations des

sous-préfets, et réforment, sans ménagement, toutes celles qui ne seront pas exactement conformes à la lettre de la loi.

Quelques fonctionnaires ont représenté que les tirages ne se faisaient pas par-tout d'une manière uniforme; ils ont proposé d'adopter des bulletins ou des boules qui seraient par-tout les mêmes. Je n'indiquerai à MM. les préfets aucun mode particulier, mais je les invite à prescrire aux sous-préfets toutes les précautions convenables, pour que la manière dont se feront ces tirages ne donne lieu à aucun abus.

22. Des abus assez grands ayant pris leur source dans la précipitation qui a été mise dans les opérations de 1807, aucune des opérations de la levée de la classe de 1808 ne pourra: sous aucun prétexte, commencer avant l'époque prescrite par le décret.

Cette disposition préviendra la plus grande partie des irrégularités que j'ai eu lieu de remarquer. Les opérations préliminaires se feront avec plus de maturité. Les conscrits ne seront mis en route qu'après que leurs droits à une exception quelconque auront été examinés. Ceux qui auront la volonté de se faire remplacer, auront le temps de trouver et de faire admettre des suppléans.

La répartition entre les armes et les corps sera faite avec plus de soin. Les revues de départ, auxquelles les majors assisteront, seront plus régulièrement passées; les réformes proposées à cette époque seront examinées par les trois membres du conseil de recrutement avec plus de maturité; la force des détachemens sera plus égale et plus considérable; et, en un mot, l'ordre ayant régné dans toutes les opérations, les désirs de Sa Majesté seront accomplis, et néanmoins les contingens seront complétés avec autant et plus de célérité que par le passé.

23.

23. Les généraux divisionnaires, ou l'officier général ou supérieur désigné par eux pour opérer la répartition entre les armes et les corps, donneront une attention plus grande, s'il est possible, que par le passé, à cette opération importante, qui les concerne uniquement, et dont ils sont seuls responsables. Le travail ne peut être bon, si le tableau par rang de taille, pour tout le département, n'est fait, et s'il n'est pas bien fait. Ils donneront d'avance tous les ordres qu'ils jugeront nécessaires pour en assurer la confection; et ils s'astreindront, avec la plus sévère impartialité, à envoyer à chaque corps les hommes que leur taille désignera pour en faire partie. Ils observeront de ne donner aux chasseurs à cheval et aux hussards aucun homme qui ait plus d'un mètre 651 millimètres (ou 5 pieds un pouce.)

24. Les officiers et sous-officiers de recrutement ne pourront, sous quelque prétexte que ce soit, accorder aux conscrits une suspension de départ ; ce droit appartient exclusivement au conseil de recrutement.

25. Des jeunes gens, sans être dans le cas d'une réforme absolue, se trouvent néanmoins quelquefois hors d'état de pouvoir partir ; et, dans ce cas, ils doivent être ajournés à l'année suivante. Les conseils de recrutement ne perdront pas de vue qu'il résulte un grand mal de la trop grande multiplicité de ces ajournemens; et qu'ils ne doivent par conséquent les prononcer qu'avec réserve. Ils sentiront que si, d'un côté, il importe de n'envoyer à l'armée que des recrues en état d'y faire un bon service, et de ne pas diminuer ses ressources en réformant avec trop de facilité, de l'autre c'est nuire aux conscrits eux-mêmes; car on prolonge l'incertitude de leurs familles, on retarde les établissemens que les conscrits peuvent former, et l'on fait partir des conscrits que leur numéro n'appelait point au service.

J'insiste sur ce point; c'est un des plus essentiels de la levée de 1808, à laquelle il est particulier.

26. Pour les départemens où la langue française n'est pas encore aussi familière qu'elle devrait l'être, il serait bon que MM. les préfets fissent remettre à chaque conscrit, par les soins du capitaine de recrutement, un billet portant en tête les nom, prénoms et surnoms du conscrit, sa taille et son domicile. Ce billet indiquera aussi le corps pour lequel il est destiné, le lieu où il doit se rendre, et la route qu'il doit suivre. Ce billet signé du capitaine, que le conscrit devra garder avec soin, pourra lui être extrêmement utile, s'il est forcé, par des maladies, à quitter momentanément son détachement.

27. On a quelquefois différé de déclarer réfractaires des individus qui ne s'étaient pas présentés soit aux appels, soit aux revues de départ, parce qu'ils étaient en pays étranger. Ceux qui quittent la France, même avec une autorisation légale, connaissent les obligations auxquelles la loi les soumet, lorsqu'ils sont, par leur âge, susceptibles d'être appelés; ils ne peuvent donc se dispenser de les remplir. Ce cas d'ailleurs est prévu par les décrets : les parens des absens sont tenus de les représenter et de les faire remplacer lorsqu'ils sont désignés. Ceux qui n'auront pas ainsi été représentés, seront, quelle que soit leur position, déclarés réfractaires. Cette mesure sévère, mais juste, préviendra les transmigrations, contre lesquelles les mesures ordinaires peuvent être impuissante.

28. MM. les préfets connaissent le décret du 6 Janvier; ils savent que le département devra remplacer les hommes qui, à leur arrivée aux drapeaux, auront été reconnus impropres au service pour des causes existantes antérieurement à leur départ. L'intérêt de leurs administrés leur impose donc l'obligation de veiller au bon choix des recrues.

29. Un premier examen des procès‑verbaux de conseils de recrutement m'a convaincu qu'ils n'étaient point encore, malgré les précautions prises pour les rappeler tous aux mêmes formes, aussi réguliers qu'ils devaient l'être. Les pièces dont ils devraient être appuyés, sont aussi très‑souvent informes ; quelquefois même elles manquent absolument. Ces deux observations portent principalement sur les hommes placés de droit à la fin des dépôts. Quand les opérations sont bonnes, les procès‑verbaux sont bien faits. L'irrégularité de ces procès‑verbaux décèle le désordre de l'administration : je ne développerai point cette assertion ; MM. les préfets en sentiront la justesse.

30. Il n'est pas inutile que MM. les préfets rappèlent à leurs administrés qu'aucun des certificats dont ils pourraient être porteurs ne sera lu, et que l'examen ne se fera que sur les individus. Les conseils de recrutement ne doivent, en effet, s'en rapporter qu'à eux‑mêmes ; et s'ils pouvaient, dans les maladies douteuses, comme la surdité, l'épilepsie, etc., s'en rapporter à des témoignages étrangers, ce serait à ceux des conscrits avec lesquels l'infirme prétendu a des rapports habituels, et qui sont intéressés à maintenir entre eux les règles d'une sévère justice.

Dans plusieurs départemens, l'intrigue a encore environné les autorités chargées des levées ; si elle a réussi sur quelques points de l'Empire, elle a été sur presque tous les autres exemplairement punie : pour 1808, elle sera poursuivie avec une nouvelle activité ; l'œil de la police sera continuellement ouvert ; les tribunaux qui se sont déjà armés de toute la sévérité des lois, redoubleront, s'il est possible, de zèle et d'ardeur. L'Empereur veut que les abus cessent, ou que les coupables soient voués à l'ignominie : les vœux de Sa Majesté seront remplis, si tous les fonctionnaires publics le veulent avec force. Quant à moi,

31*

je ne cesserai jamais de surveiller les faibles, de poursuivre les fripons, de tourner vers eux toute l'activité de la police, toute la sévérité des magistrats ; et d'appeler sur ceux qui me seconderont puissamment les récompenses que Sa Majesté s'empresse de distribuer à ceux qui remplissent leur devoirs avec zèle et courage.

J'ai l'honneur de vous saluer avec une considération distinguée.

J. G. Lacuée.

DÉCRET IMPÉRIAL *relatif à la levée de la Conscription de 1808.*

Au Camp impérial de Feinkeinstein, le 18 Avril 1807.

NAPOLÉON, Empereur des Français, Roi d'Italie ;
Sur le rapport de notre ministre de la guerre ;
Notre Conseil d'état entendu,
Nous avons décrété et décrétons ce qui suit :

CONSCRIPTION de 1808.

TITRE I.er

Répartition entre les Départemens.

Art. 1.er Soixante mille conscrits, pris sur les quatre-vingt mille dont la mise en activité est autorisée par le Sénatus-Consulte du 7 Avril, sont appelés, et seront répartis entre les départemens, conformément au tableau annexé au présent décret.

2. Vingt mille conscrits formeront la réserve.

TITRE II.

Des Opérations relatives à la Levée.

3. Toutes les opérations relatives à la levée ci-dessus prescrite, seront exécutées conformément aux dispositions de notre décret du 8 Fructidor an XIII.

4. Il sera prélevé sur le contingent de chaque département, pour les carabiniers, les cuirassiers et l'artillerie, à pied et à cheval, un nombre d'hommes délite déterminé par les tableaux de répartition joints au présent décret.

TITRE III.

Des époques auxquelles les Opérations ci-dessus prescrites doivent être exécutées.

5. Toutes les opérations qui doivent précéder la convocation du conseil de recrutement, seront terminées avant le 15 Mai.

Les conseils de recrutement s'assembleront le 20 Mai.

Le premier détachement de chaque département sera mis en route le 5 Juin.

TITRE IV.

De la répartition des soixante mille Conscrits de 1808 entre les différens Corps de l'armée.

6. Les soixante mille conscrits de 1808, appelés par notre présent décret, seront répartis entre les légions et les différens corps de l'armée, conformément aux tableaux qui seront annexés au présent décret.

7. Les vingt mille hommes restant des quatre-vingt mille dont la mise en activité est autorisée par le Sénatus-consulte du 7 Avril, formeront la réserve de 1808. On continuera à observer, à l'égard des conscrits de la réserve, les arrêtés des 18 Thermidor an X et 29 Fructidor an XI, et notre décret du 8 Nivôse an XIII.

On se conformera, pour les conscrits en dépôt, à notre décret du 8 Fructidor an XIII.

8. Si, parmi les conscrits appelés, il s'en trouve qui appartiennent à la garde nationale mise en activité, ils seront remplacés dans cette garde, suivant le mode prescrit par notre décret du 8 Vendémiaire an XIV.

9. Nos ministres sont chargés, chacun en ce qui le concerne, de l'exécution du présent décret.

Signé NAPOLÉON.

Par l'Empereur :

Le Ministre-Secrét. d'état, signé HUGUES B. MARET.

CIRCULAIRE du Conseiller d'Etat, Directeur général des Revues et de la Conscription militaire, à Messieurs les Préfets des Départemens.

Paris, le 9 Mai 1807.

L'expérience a fait voir, Messieurs les préfets, que quelques conducteurs de détachemens, sacrifiant leur devoir à un vil intérêt, laissent figurer sur leurs contrôles, des conscrits absens depuis plusieurs jours :

de là il résulte, 1.º que la gendarmerie des lieux où l'on déclare l'absence des conscrits, n'a aucun moyen de les atteindre, puisqu'ils ont abandonné le détachement à une grande distance ; 2.º que les gîtes qui précèdent immédiatement une ville où se trouve un inspecteur aux revues ou un commissaire des guerres, sont ceux où les désertions paraissent les plus multipliées, parce que les conducteurs sont intéressés à s'y mettre en règle pour la revue du lendemain. Ces communes ont ainsi le désagrément d'être accusées de favoriser la désobéissance des conscrits ; et leurs maires, de négliger les devoirs qui leur sont imposés.

Pour remédier à ce double inconvénient, Messieurs les préfets, je vous prie de vouloir bien prescrire à Messieurs les maires de lieux de gîte, d'assister eux-mêmes, ou de faire assister un de leurs adjoints, aux appels des détachemens de conscrits en marche, qui doivent être faits au moment de leur arrivée et à celui de leur départ, et de se faire remettre par les commandans des détachemens, un état sommaire, signé d'eux, constatant le nombre effectif des conscrits présens auxdits appels.

Cette mesure, à l'exécution de laquelle je vous invite à tenir sévèrement la main, ajoutera aux devoirs, déjà nombreux, que Messieurs les maires ont à remplir ; mais ils en seront bien dédommagés par le bien qui en résultera : et d'ailleurs les maires étant presque tous pères de famille, verront avec plaisir, dans les soins qu'ils auront à donner aux conscrits des départemens les plus éloignés, la garantie des attentions qu'une juste réciprocité assurera à leurs propres enfans dans toute l'étendue de l'Empire.

Les conscrits eux-mêmes aimeront à voir l'autorité civile, ou plutôt l'autorité paternelle, veiller sur eux, jusqu'à l'époque de leur arrivée aux drapeaux, recueillir leurs plaintes et s'occuper de leurs besoins.

Enfin, en faisant ainsi cause commune, les maires rendront plus dfficile la désertion, l'un des plus grands fleaux pour les administrés.

Je vous prie, Messieurs les préfets, de vouloir bien donner communication de cette lettre à MM. les capitaines de recrutement, qui devront enjoindre aux officiers et sous-officiers conducteurs, de faire prévenir par le sous-officier qui va en logement, Messieurs les maires, de l'heure et du lieu où ils feront les appels.

J'ai l'honneur de vous saluer avec une considération distinguée.

J. G. LACUÉE

CIRCULAIRE du Directeur général de la Conscription militaire, à Messieurs les Préfets des Départemens.

Paris, le 1.ᵉʳ Juin 1807.

Des exemples multipliés, Monsieur le préfet, prouvent que l'on a abusé, pour se soustraire à la conscription, des dispositions du code civil, relatives, soit à l'émancipation, soit à la perte et au recouvrement de la qualité de français.

Son excellence, le grand-juge ministre de la justice, à qui j'ai eu l'honneur de communiquer les plaintes qui m'étaient parvenues contre ces abus, en a tari la source par ses lettres du 13 Janvier et 14 Mai 1807, dont copie est ci-annexée : vous y verrez, Monsieur le préfet, 1.º qu'il existe une différence essentielle entre les lois qui fixent les obligations et les droits politiques des citoyens, et les lois qui s'occupent de leurs droits civils ;

2.º Que tout ce qui tient à la défense extérieure de l'Etat, et par conséquent à la conscription, est réglé par les premières de ces lois, et qu'aucun français ne peut s'affranchir du service militaire, que conformément à leurs dispositions et aux décrets de l'Empereur relatif au recrutemeut de l'armée;

3.º Qu'ainsi les obligations primitives et constitutionnelles de tout français, développées par la loi du 19 Fructidor an 6, et par les lois et réglemens qui ont suivi sur le même objet, forment une législation particulière dont il ne faut jamais perdre de vue le principe fondamental et politique;

4.º Qu'il s'ensuit que de telles obligations ne se règlent point par les lois civiles, et que ces lois, qui n'ont aucunement en vue les rapports politiques des citoyens, mais uniquement leurs droits civils, ne peuvent être invoquées quand il ne s'agit que de l'application de principes d'un ordre tout différent;

5.º Qu'il faut en conclure que les effets purement civils de l'émancipation, d'après les dispositions du code, n'apportent aucun changement aux règles établies par les lois et décrets concernant la conscription, sur le domicile des conscrits, et que la condition des Français, comme soumis au service militaire, est, à tous égards, en ce qui est de la conscription, la même qu'avant la promulgation du code civil;

6.º Que relativement à la perte et au recouvrement de la qualité de français, ce n'est point en matière de conscription qu'il faut consulter le code pour savoir si un français et absolument libre de renoncer à sa patrie; qu'il est nécessaire pour cela de recourir aux lois politiques; que suivant ces lois, tout français contracte, dès l'instant de sa naissance, l'obligation du service militaire, et qu'il ne peut s'en affranchir que conformément aux lois et aux décrets de l'Empereur relatifs au recrutement de l'armée; mais que l'exception n'étant point, d'après ces lois et décrets, un motif d'exception du service militaite, il s'ensuit que *tout français qui abandonnerait sa patrie avant d'avoir satisfait à la conscription se mettrait dans le cas d'être déclaré comme réfractataire.*

7.° Qu'en conséquence, ce serait en vain que l'on tenterait d'éluder la loi du recrutement, à la faveur des dispositions du code civil.

Vous sentirez, Monsieur le préfet, de quelle importance il est de suivre exactement les sages dispositions prescrites par S. Ex. le grand-juge ministre de la justice, relativement à l'exportation, et de faire concourir tous les conscrits, même émancipés, au domicile de leurs parens, l'émancipation étant absolument nulle en ce qui est de la conscription militaire.

Je vous prie de vouloir bien m'accuser réception de cette lettre dont les dispositions doivent, dès ce jour, servir de règle invariable aux conseils de recrutement.

J'ai l'honneur de vous saluer avec une considération distinguée.

J. G. Lacuée.

Copie des Lettres de son Excellence M. le Grand-Juge Ministre de la Justice, en date des 13 Janvier et 14 Mai 1807.

Paris, le 13 Janvier 1807.

Monsieur le directeur général,

Vous m'avez fait l'honneur de me consulter sur les mesures qu'il y avait à prendre pour empêcher qu'on n'abuse, au préjudice de la conscription militaire, des dispositions du code civil, relatives à la perte et au recouvrement de la qualité de français. Permettez-moi de vous observer qu'il n'y a pas lieu de craindre cet abus ; car quoique le code civil ait réglé les effets civils de la perte de la qualité de français, ce n'est point ce code qu'il faut consulter pour savoir si un français est absolument libre de renoncer à sa patrie : il est nécessaire pour cela de recourir aux lois politiques. Suivant ces lois, tout français contracte, dès l'instant de sa naissance, l'obligation du service militaire, et il ne peut s'en affranchir que conformément aux lois et aux décrets de l'Empereur, relatifs au recrutement de l'armée : or, l'expatriation n'étant point, d'après ces lois et ces décrets, un motif d'exception du service militaire, il s'ensuit que tout français qui abandonnerait sa patrie avant d'avoir satisfait à la conscription, se mettrait dans le cas d'être condamné comme réfractaire. Ce serait donc en vain que l'on tenterait d'éluder la loi du recrutement, à la faveur des dispositions du code civil.

Le grand-juge ministre de la justice ;

Signé REGNIRR.

Paris, le 14 Mai 1807.

Monsieur le directeur général,

J'ai reçu la lettre que vous m'avez fait l'honneur de m'écrire le 9 du mois, pour me consulter sur l'abus que font plusieurs jeunes gens, des dispositions du code civil, relatives à l'émancipation et au changement de domicile, à l'effet de se soustraire à leurs obligations de conscrits. Vous observerez qu'en prenant, aux approches de la conscription, la précaution frauduleuse de se faire émanciper, et de transporter, par ce moyen, leur domicile dans les villes où l'inscription maritime réduit le nombre ordinaire des conscrits, il en résulte, pour ces jeunes gens, des chances de tirages beaucoup plus favorables qu'elles ne l'auraient été dans le domicile de leurs pères et mères ou tuteurs.

On doit opposer à un pareil abus, les règles établies dans la lettre que j'ai eu l'honneur de vous écrire le 13 Janvier dernier, contre l'expatriation et les lettres de naturalité, par lesquelles on prétendait également se soustraire aux lois de la conscription.

Ces règles ont pour base la différence essentielle existante entre les lois qui fixent les obligations et les droits politiques des citoyens, et les lois qui s'occupent de leurs droits civils.

Tout ce qui tient à la défense de l'Etat, et par conséquent à la conscription, est réglé par les premières de ces lois; et aucun français ne peut s'affranchir du service militaire, que conformément à leurs dispositions et aux décrets de l'Empereur relatifs au recrutement de l'armée.

Ainsi, les obligations primitives et constitutionnelles de tout français, développées par la loi du 19 Fructidor an 6 et par les lois et règlemens qui ont suivi sur le même objet, forment une législation particulière, dont il ne faut jamais perdre de vue le principe fondamental et politique.

Il s'ensuit que de telles obligations ne se règlent point par les lois civiles, et que ces lois, qui n'ont aucunement en vue les rapports politiques des citoyens, mais uniquement leurs droits civils, ne peuvent être invoquées quand il ne s'agit que de l'application de principes d'un ordre tout différent.

Il faut en conclure que les effets purement civils de l'émancipation, d'après les dispositions du code, n'apportent aucun changement aux règles établies par les lois et décrets concernant la conscription, sur le domicile des conscrits; et la condition des français, comme soumis au service militaire, est à tous égards en ce qui est de la conscription, la même qu'avant la promulgation du code civil.

Ces résultats, dont la clarté et l'importance se font également sentir, viennent s'opposer à l'abus dont se plaint votre lettre du 9 de ce mois; et ils doivent déterminer à rejeter toutes exceptions tirées du code civil, pour échapper à la conscription, dont les lois doivent être exécutées ponctuellement, sans aucun égard pour ces vains subterfuges.

Agréez, Monsieur le directeur général, les nouvelles assurances de ma haute considération.

Le grand-juge ministre de la justice,
Signé REGNIER.

Pour copie conforme :

Le directeur général des revues et de la conscription militaire,

J. G. LACUÉE.

CIRCULAIRE *du Directeur général de la Conscription, à Messieurs les Préfets.*

Paris, le 12 Juin 1807.

Comme il arrive quelquefois, Monsieur le préfet, que vous, ou Messieurs les sous-préfets avez des feuilles de route à délivrer, que vous devez d'ailleurs surveiller celles que l'on donne, je crois devoir vous faire part des ordres que MM. les commissaires viennent de recevoir à ce sujet, de S. A. le prince ministre de la guerre.

Ces ordres portent qu'en aucun cas les conscrits ne doivent être dirigés à marche forcées, sans séjour; vers la destination qui leur est assignée.

Que leur marche doit être réglée de manière qu'ils aient périodiquement un jour de repos ou *séjour* tous les quatre jours, et même quelquefois le troisième jour, lorsque leur marche est longue ou difficile par la nature des chemins;

Enfin, que pour assurer leur subsistance en route, les avis de passage doivent être donnés à l'avance, de sorte qu'en arrivant ils ne soient pas exposés à manquer de pain, où à le prendre sortant du four. En conséquence, vous aurez à prévenir, à l'avance l'ordonnateur de votre division, du départ des détachemens des conscrits de votre département; et ce fonctionnaire devra, en exécution des ordres de S. A. S., informer l'ordonnateur de la division limitrophe, et ainsi de proche en proche, afin que les vivres soient préparés et que le service soit assuré, dans tous les lieux de logement, à l'arrivée des conscrits.

Ces dispositions de S. A. sont un témoignage de sa sollicitude pour les conscrits : je vous prie, Monsieur le préfet, de vous assurer si elles s'exécutent ponctuellement dans votre ressort, et de me faire connaître les abus qui pourraient parvenir à votre connaissance.

J'ai l'honneur de vous saluer avec une considération distinguée.

J. G. Lacuée

CIRCULAIRE du Directeur général de la Conscription militaire, à Messieurs les Préfets des Départemens, relative aux Conventions entre les Suppléans et les Conscrits remplacés.

Paris, le 25 Juillet 1807.

Plusieurs de vos collègues, M. le préfet, m'ont soumis leurs doutes sur le mode d'exécution de l'art. 53 du décret du 13 fructidor an 13, relativement aux fonctionnaires chargés de recevoir les actes destinés à consacrer les conventions faites entre les suppléans et les conscrits remplacés. Ils m'ont paru craindre que l'exclusion qui semble être donnée à toute autre autorité que les préfets et sous-préfets, pour la rédaction et le dépôt de ces actes, ne nuisit aux intérêts des suppléans, quant aux stipulations pécuniaires, et ne leur laissât pas la faculté de faire des inscriptions hypothécaires.

J'ai cru moi-même devoir consulter sur cette question S. E. le grand-juge ministre de la justice, qui vient de me faire connaître son opinion à ce sujet, il s'exprime ainsi :

« Quoique l'on puisse induire de l'article dont il s'agit, que les actes que les préfets et sous-préfets sont autorisés à recevoir, ne doivent avoir pour objet que de constater la convention relative à la substitution des personnes, il est cependant plus exact de penser que ces actes peuvent aussi contenir les stipulations pécuniaires que font les remplaçans et les remplacés; car on peut regarder ces stipulations, ou comme une seule et même chose avec la substitution des personnes, ou tout au moins comme en étant les accessoires nécessaires : mais comme rien ne défend de séparer ce qui concerne les personnes des stipulations pécuniaires, les préfets et sous-préfets ne peuvent prétendre au droit exclusif de recevoir les stipulations, et il doit toujours être libre aux parties de les rédiger devant notaire.

Les préfets et sous-préfets ne recevant les actes dont il s'agit, même quant aux stipulations pécuniaires, que dans l'ordre des attributions que le décret leur donne, il s'ensuit nécessairement que ces actes sont authentiques, et conséquemment que donnant lieu à l'hypothèque, il peut être pris des inscriptions pour en assurer l'exécution ; mais pour qu'ils puissent produire cet effet, il est indispensable, attendu qu'il ne peut s'agir que d'une hypothèque conventionnelle qu'ils contiennent une désignation spéciale des immeubles que les parties consentent à y soumettre. »

Il m'a paru convenable, Messieurs les préfets, de vous donner connaissance de l'opinion du grand-juge sur ce point, afin que vous vous y conformiez, s'il vous était fait quelque réclamation sur le mode d'appliquer l'art. 53 du décret du 8 fructidor.

Il sera nécessaire que, de votre côté, vous informiez de ces dispositions Messieurs les sous-préfets.

J'ai l'honneur de vous saluer avec une considération distinguée.

J. G. LACUÉE.

CIRCULAIRE

CIRCULAIRE du Conseiller d'Etat, Directeur général des Revues et de la Conscription militaire, à Messieurs les Généraux commandant les Divisions militaires, les Généraux commandant les Départemens, les Préfets, les Sous-Préfets, les Chefs de Corps, les Commandans de Gendarmerie, les Inspecteurs et les Sous-Inspecteurs aux Revues, les Commissaires Ordonnateurs et Ordinaires des Guerres, et les Commandans d'Armes.

Paris, le 1.ᵉʳ Août 1807.

Je vous adresse, Messieurs, le décret du 20 Juin 1807, par lequel Sa Majesté Impériale et Royale a daigné accorder un généreux pardon à ceux des sous-officiers et soldats déserteurs, non jugés définitivement, qui reconnaîtront leur faute, se présenteront devant une des autorités indiquées dans l'article 3 de ce décret, et demanderont à reprendre du service ; à ceux qui se trouvent maintenant détenus, et à ceux qui servent dans des corps, quoique coupables de désertion.

Pour régulariser et rendre plus facile l'exécution de ce décret, j'ai cru devoir tracer la marche que chaque autorité devra suivre.

1.º Le délai de rigueur pour jouir du bénéfice de l'amnistie n'étant que de deux mois, à dater de la publication du décret, au reçu de la présente instruction, MM. les préfets feront donner à cet acte de la paternelle indulgence de Sa Majesté l'Empereur et

Roi, la publicité la plus grande; et pour fixer le jour de l'expiration des deux mois de délai, ils prendront pour époque de la promulgation, le 1.er Août, en se conformant d'ailleurs à la loi du 25 Ventôse an 11, servant d'introduction au Code civil.

2.º Chaque préfet, en m'accusant réception de la présente, me transmettra copie de son arrêté fixant le délai de rigueur; il en enverra aussi une copie à chacune des personnes désignées dans les articles 3 et 5 du décret, qui aura sa résidence dans l'étendue de son département.

MM. les préfets continueront à inscrire sur les contrôles prescrits par l'instruction de S. A. le ministre de la guerre, du 11 Janvier dernier, les jugemens que je leur adresserai; mais ils devront, à dater de la réception de la présente, suspendre toute poursuite pour le recouvrement de l'amende prononcée contre les déserteurs jugés par contumace, jusqu'à ce que je leur ai fait connaître quels seront ceux d'entre eux qui n'auront pas profité de la grâce qui leur est aujourd'hui accordée.

3.º Les déserteurs non jugés définitivement, qui se trouvent dans les pays étrangers occupés par les troupes françaises, feront la déclaration prescrite par l'article 1.er du décret, devant l'une des autorités militaires désignées dans l'article 3.

4.º MM. les généraux commandant les divisions, ceux commandant les départemens, les préfets, les sous-préfets, les inspecteurs et sous-inspecteurs aux revues, et les commissaires des guerres, ouvriront chacun le contrôle prescrit par l'article 7 du décret; il sera conforme au modèle ci-annexé sous le n.º 1.er

5.º Celui des fonctionnaires indiqués dans l'article 3 du décret, devant lequel se présentera un militaire en état de désertion, lui fera signer une déclaration sem-

blable à celle ci-jointe n.º 2. Si l'amnistié ne sait ou
ne peut signer, le fonctionnaire en fera mention,
et, dans tous les cas, il certifiera cette déclaration.

6.º Le commissaire des guerres, et, dans les lieux
où il n'existe pas de commissaire des guerres, le
fonctionnaire chargé de le remplacer pour la délivrance des feuilles de route, après avoir reçu la déclaration prescrite par l'article 1.er du décret, ou en
avoir été requis, par écrit, par le fonctionnaire qui
aura reçu cette déclaration, délivrera, en se conformant à la circulaire de Son Excellence le ministre-
directeur de l'administration de la guerre, en date du
12 Juillet 1806, une feuille de route à l'amnistié, et
le dirigera sur le corps militaire le plus voisin, en
observant toutefois qu'il ne peut le diriger que sur
un corps de l'arme où l'amnistié servait avant sa désertion, c'est-à-dire, sur un des régimens de dragons,
s'il a déserté d'un régiment de dragons ; sur un des
régimens de carabiniers, s'il a déserté des carabiniers ;
sur une compagnie d'ouvriers, s'il a abandonné une
de ces compagnies, etc.

7.º Les militaires détenus pour le seul fait de désertion, et non jugés définitivement, seront, au reçu
de la présente, conduits par la gendarmerie au commissaire des guerres du lieu, ou à celui qui en remplira les fonctions.

8.º Ce fonctionnaire recevra la déclaration pres-
crite par l'art. 1.er du décret, décidera si l'amnistié,
d'après les sentimens de repentir qu'il aura manifestés,
est susceptible d'être dirigé librement, ou non, sur
le corps de son arme le plus voisin.

Dans le premier cas, il délivrera une feuille de
route à l'amnistié, le portera sur son contrôle, et se
conformera aux n.ºs 13, 14 et 15 de la présente
instruction.

Dans le second cas, il remettra la déclaration, avec

une feuille de route de conduite, au commandant de la gendarmerie, qui inscrira l'individu sur le contrôle qu'il doit ouvrir d'après l'article 7 du décret, le fera conduire à son corps, et remplira d'ailleurs toutes formalités prescrites par les n.os précités.

9.º Les hommes détenus à leurs corps pour désertion, et non jugés définitivement, seront mis en liberté au reçu du décret ; ils seront présentés au major ou commandant du corps, qui, après avoir reçu la déclaration prescrite par l'article 1.er, ouvrira un contrôle semblable à celui n.º 1.er, et fera ensuite admettre l'amnistié dans une compagnie.

10.º S'il existe dans les corps, des hommes en état de désertion du même corps, ou d'un autre, mais non détenus, ils devront, dans les délais prescrits, se présenter au major ou commandant du corps, faire devant lui la déclaration exigée par l'article 1.er du décret et le paragraphe 9 de la présente.

Les chefs de corps feront connaître avec soin, dans toutes les compagnies, la nécessité de la déclaration prescrite ci-dessus.

11.º A dater de la réception de la présente instruction et jusqu'à l'expiration du délai, il sera sursis à tout jugement contre tout sous-officier ou soldat qui aura déserté avant le 1.er Août. Les chefs de corps continueront néanmoins à adresser au premier inspecteur général de la gendarmerie les signalemens qu'ils doivent envoyer en exécution des instructions de S. A. le ministre de la guerre, et de ma circulaire du 5 Janvier dernier ; ils continueront à m'adresser aussi les états demandés par ma circulaire précitée.

Quant aux sous-officiers et soldats qui auront déserté depuis le 1.er Août, ils seront poursuivis et jugés conformément aux lois.

12.º Quelle que soit l'arme dont aura déserté un

individu servant maintenant dans un corps, il restera dans ce dernier corps.

13.º Le fonctionnaire qui aura reçu la déclaration prescrite par l'article 1.er du décret, et qui aura dirigé un amnistié sur un corps, devra en donner de suite avis au chef de ce corps, par une lettre conforme au modèle ci-joint n.º 3 , et lui transmettre en même temps l'original de la déclaration qu'il aura reçue.

14.º Aussitôt après l'expiration du délai de deux mois, à compter du jour de la publication du décret, déterminé d'après l'arrêté du préfet, tout fonctionnaire chargé d'ouvrir un contrôle, le déclarera clos et arrêté, et en fera expédier un double, qu'il certifiera véritable et signera.

15.º Les géneraux commandant les départemens , les préfets, les sous-préfets, les inspecteurs et sous-inspecteurs aux revues, les commissaires des guerres, et les commandans de gendarmerie, transmettront le double de leur coutrôle des amnistiés au général commandant la division militaire dans laquelle ils se trouveront.

16.º Au 1.er Novembre prochain , les généraux commandant les divisions militaires m'adresseront le double du contrôle qu'ils auront dû former pour les amnistiés qui seront présentés devant eux, et les contrôles qu'ils auront reçus des autres fonctionnaires.

17.º Tout individu qui ne se sera pas présenté avant la clôture du contrôle , ne pourra plus prétendre à jouir de la présente amnistie ; il sera de suite arrêté, conduit au corps dont il a déserté, et jugé contradictoirement sur le délit de désertion.

18.º Tout chef de corps qui aura reçu avis qu'un amnistié a été dirigé sur ce corps, et qui reconnaîtra que l'amnistié a dépassé de huit jours le délai qui lui avait été accordé pour rejoindre, à moins qu'il n'ait été prévenu de son entrée dans un hôpital, ainsi qu'il est prescrit au n.º 19 de la présente, le dénoncera, conformément à l'article 9 du décret, au commandant d'armes ou du lieu . et joindra à la plainte la lettre d'avis relative à l'accusé, et la déclaration qu'il a faite, afin qu'il soit jugé ainsi qu'il est dit au même article. Il aura soin d'indiquer dans la plainte le corps auquel appartenait primitivement l'accusé, et de m'adresser deux copies du jugement qui interviendra.

19.º Le commissaire des guerres ou autre fonctionnaire ayant la police d'un hôpital où l'un de ces amnistiés serait forcé d'entrer en rejoignant le corps pour lequel il était destiné, devra informer de suite le chef de ce corps, de cet accident ; et au moment où l'amnistié sortira de l'hôpital, il préviendra le chef du corps du nouveau délai accordé à cet homme pour rejoindre.

Si, huit jours après ce nouveau délai, il n'a pas rejoint, il sera dénoncé et jugé conformément à l'article 9 du décret.

20.º Sur les contrôles des corps, en marge du nom de l'individu rentré à la faveur du présent décret, on mettra ces mots :

Réadmis en 1807, sous la promesse de fidélité.

Si l'un de ces hommes déserte à l'avenir, il sera dénoncé et jugé conformément à l'article 9 du décret précité.

21.º Dans le courant de Novembre prochain, les chefs des corps auront soin de m'adresser les deux états indiqués par l'article 11 du décret.

Le premier contiendra l'état nominatif des hommes présens au corps qui auront profité de l'amnistie, soit qu'ils aient été reconduits, soit qu'ils y soient rentrés avec feuille de route, soit qu'ils se trouvassent présens au corps lors de la publication du décret.

Cet état sera conforme au modèle n.º 4.

Le second état indiquera les hommes qui n'auront pas rejoint après avoir fait leur déclaration, ou qui auront déserté depuis leur rentrée.

Il sera conforme au modèle n.º 5.

22.º L'article 13 du présent décret ayant tracé la ligne de démarcation qui existera, à l'avenir, entre les hommes amnistiés définitivement par l'arrêté du 1.er Frimaire an 12, et ceux des conscrits de l'an 7 et années antérieures qui sont tenus de servir, il suffira aux autorités de s'assurer,

1.º Si l'individu qui réclame l'amnistie, est, par son âge, conscrit de l'an 7 ou réquisitionnaire;

2.º S'il a servi depuis le 1.er Frimaire an 12.

S'il est conscrit de l'an 7 ou réquisitionnaire, et qu'il n'ait pas servi depuis le 1.er Frimaire an 12, il peut rester dans ses foyers, et tout jugement par contumace, rendu contre lui pour désertion antérieure à cette époque, doit cesser d'avoir son effet.

Quel que soit son âge, s'il a servi depuis le 1.er Frimaire an 12, il doit reprendre du service, et, s'il a déserté, se conformer au présent décret.

23.º Les fonctionnaires auront soin de ne pas confondre les déserteurs avec les conscrits retardataires ou réfractaires.

Les conscrits retardataires sont ceux qui, appelés par les lois de la conscription, ont négligé de s'y soumettre, et n'ont point encore été déclarés réfractaires.

Les conscrits réfractaires sont ceux qui ont été déclarés tels par arrêté du préfet, conformément à l'article 69 de la loi du 8 Fructidor an 13.

Le décret du 20 Juin n'est applicable ni à l'une ni à l'autre de ces deux classes.

Les déserteurs auxquels ce décret doit être appliqué, sont :

1.º Les individus admis au service d'après la réquisition ou les lois antérieures, qui sont absens de leur corps sans autorisation ;

2.º Tout conscrit qui, appelé par la loi, a rejoint un corps, y a été immatriculé et a abandonné ses drapeaux ;

3.º Tout conscrit condamné comme réfractaire, qui, après avoir été traduit dans un dépôt, en aura déserté ;

4.º Les enrôlés volontaires qui n'ont pas rejoint dans le délai qui leur a été fixé ;

5.º Les suppléans qui n'ont pas rejoint ou qui ont déserté après avoir rejoint.

24.º Je crois devoir vous faire remarquer, Messieurs, que les jugemens rendus contre des déserteurs, n'étant sujets ni à appel, ni à cassation, ni à révision, nulle autorité ne peut en arrêter l'effet, que le Souverain lui-même. Nul ne devra donc, après la clôture des contrôles d'amnistie, autoriser, sous aucun prétexte, un déserteur condamné par contumace, à rejoindre librement. D'un autre côté, les principes admis en conseil privé, ne permettant pas de demander grâce pour un condamné par contumace, qu'il n'ait été jugé contradictoirement, on devra aussi, après l'expiration du délai fixé pour jouir de l'amnistie, livrer tout déserteur à la gendarmerie, et suivre avec rigueur l'exécution du jugement rendu contre lui par contumace.

C'est à vous, Messieurs, qu'il appartient de faire sentir aux hommes susceptibles de l'amnistie, combien ils doivent chérir le Héros qui leur pardonne si généreusement : dites-leur que s'ils négligeaient de se rendre au poste où l'honneur les attend, ou que si, après y être arrivés, ils se rendaient encore coupables de désertion, rien ne pourrait plus les soustraire à la juste sévérité des lois.

J'ai l'honneur de vous saluer.

J. G. LACUÉE.

DÉPARTEMENT d

CONTRÔLE des Hommes qui ont déclaré vouloir profiter de l'Amnistie du 20 Juin 1807.

NUMÉRO D'ORDRE.	NOM ET PRÉNOMS de L'AMNISTIÉ.	SIGNALEMENT.	CORPS dans lequel il servait avant sa désertion.	ÉPOQUE de sa désertion.	ÉPOQUE de sa condamn.^{n}	CORPS sur lequel il a été di-rigé.	ÉPOQUE à laquelle il a dû y arriver.	OBSERVATIONS.
		Fils d et d canton d départem. d domicilié à canton d département d taille d'un mètre millimètres; cheveux sourcils yeux front nez bouche menton visage teint (Marques particulières.)						

Certifié véritable par moi (ici la qualité du Fonctionnaire qui recevra la déclaration.)

A   le   du mois d   1807.

[N.º 2.]

Je soussigné *(nom et prénoms du déclarant)*, me
reconnais et déclare coupable de désertion du *(indiquer
ici le corps, la compagnie dont le déclarant est déserteur, et la date du jugement par contumace rendu
contre lui, s'il la connaît.)*

Je réclame le pardon de ce crime, et demande, aux
termes du décret impérial du 20 Juin 1807, qu'il
me soit délivré une feuille de route pour rejoindre tel
corps qu'on voudra m'indiquer ; je promets de m'y
rendre à l'époque fixée par ma feuille de route, d'y
servir avec fidélité Sa Majesté l'Empereur et Roi ,
connaissant parfaitement qu'une nouvelle désertion
m'exposerait à la peine du boulet.

A   le   du mois de   1807.

(Signature du déclarant.)

Certifié conforme la présente déclaration, par moi
soussigné *(ici le nom et la qualité du fonctionnaire
qui recevra le déclaration.)*

A   le   du mois d   1807.

[N.º 3.]

MODÈLE de la Lettre prescrite par l'art. 7 du Décret du 20 Juin 1807.

———

A Monsieur le Commandant d (indiquer le numéro et l'arme du corps), *à*

Je vous adresse ci-jointe, Monsieur, la déclaration qu'a faite devant moi, en exécution du décret du 20 Juin dernier, le nommé (*nom, prénoms*), fils d   et d   né à
canton d   département d
taille d'un mètre   millimètres, cheveux
sourcils   yeux   front   nez
bouche   menton   visage
teint   (*marques particulières*),

déserteur du (*indiquer le corps dont l'amnistié s'est avoué déserteur*), jugé par contumace le
du mois d   de l'an   et dirigé avec
une feuille de route en date du   sur le
corps que vous commandez, où il doit être arrivé le
du mois d

A   ce   1807.

(Ici la qualité et la signature du fonctionnaire.)

[N.º 4.]

ÉTAT des Hommes présens au Corps après avoir profité de l'Amnistie du 20 Juin 1807.

N.º d'Ordre.	NOM ET PRÉNOMS de L'AMNISTIÉ.	SIGNALÈMENT.	CORPS dans lequel il servait avant l'amnistie.	DATE de sa désertion du premier corps, et de son jugement par contumace	AUTORITÉ devant laquelle il a fait sa déclarat.on	ÉPOQUE à laquelle il l'a faite.	ÉPOQUE à laquelle il a dû arriver au présent corps.	ÉPOQUE à laquelle il y est arrivé.	OBSERVAT.
		Fils d et de né à canton d département d domicilié à canton d départem. d taille d'un mètre milli- mètres ; cheveux sourcils yeux front nez bouche menton visage teint (Marques particulières.)							

Certifié véritable par moi Commandant (ici mettre le nom du Corps.)

A   le   du mois d   1807.

NUMÉRO ET ARME
DU CORPS.

[N.º 5.]

ÉTAT des Hommes qui ont déclaré vouloir profiter de l'Amnistie du 20 Juin 1807, et n'ont pas rejoint le Corps pour lequel ils étaient destinés.

N.º d'Ordre.	NOM ET PRÉNOMS de L'AMNISTIÉ.	SIGNALEMENT de L'AMNISTIÉ.	CORPS dans lequel il a servi avant l'amnistie.	DATE de sa désertion et de son jugement du premier corps.	AUTORITÉ devant laquelle il a fait sa déclarat.on	ÉPOQUE à laquelle il l'a faite.	ÉPOQUE à laquelle il devait arriver au présent corps.	DATE de sa condamna-tion au boulet.	OBSERVAT.
		Fils d et d né à canton d département d domicilié à canton d départem. d taille d'un mètre milli- mètres ; cheveux sourcils yeux front nez bouche menton visage teint (Marques particulières.)							

Certifié conforme par moi Commandant (mettre ici le nom du Corps.)

A   le   du mois d   1807.

MINISTERE DE LA GUERRE.

EXTRAIT

DES MINUTES DE LA SECRÉTAIRERIE D'ÉTAT.

Au Camp imp. de Tilsit, le 20 Juin 1807.

NAPOLÉON, Empereur des Français et Roi d'Italie;

Sur le rapport de notre ministre de la guerre;
Notre conseil d'état entendu,
Nous avons décrété et décrétons ce qui suit :

ARTICLE PREMIER.

Amnistie est accordée à tout sous-officier ou soldat en état de désertion, non jugé définitivement, qui, dans le délai de deux mois, à compter de la publication du présent décret, se présentera devant l'une des autorités désignées dans l'article 3, s'y déclarera coupable de désertion, réclamera son pardon, demandera une feuille de route pour rejoindre un corps, et y sera rendu dans le délai qui lui aura été fixé.

2. Amnistie est accordée également à tout sous-officier ou soldat en état de désertion, non jugé définitivement, et détenu lors de la publication du présent décret.

3. Les individus désignés dans l'article 1.er pourront faire leur déclaration devant les autorités ci-après; savoir :

1.º Les généraux commandant les divisions ou les départemens;

2.º Les préfets ou sous-prefets ;

3.º Les inspecteurs ou sous-inspecteurs aux revues;

4.º Les commissaires des guerres.

4. Celui de ces fonctionnaires qui aura reçu d'un sous-officier ou soldat déserteur la déclaration prescrite par l'article 1.ᵉʳ, délivrera de suite une feuille de route au réclamant, le dirigera sur un des corps les plus voisins du lieu où cette déclaration aura été faite, en observant de ne faire entrer un militaire que dans l'arme d'où il sortait; indiquera sur la feuille de route l'époque à laquelle l'amnistié devra être rendu à son nouveau corps, et exécutera les autres dispositions prescrites par l'article 7.

5. **Tout** individu compris dans l'article 2 du présent décret, sera de suite, s'il n'est détenu pour une autre cause que pour la désertion, remis à la disposition du commandant de la gendarmerie du lieu de sa détention.

S'il est détenu à son corps, il y rentrera comme recrue.

6. Le commandant de gendarmerie qui aura reçu un de ces déserteurs détenus, le dirigera sur l'un des corps les plus voisins du lieu de sa détention, en se conformant pour le surplus aux dispositions de l'art. 4 du présent décret.

7. Celui des fonctionnaires désignés dans les articles 3 et 6 ci-dessus, qui aura dirigé un déserteur sur un corps, en donnera de suite avis au commandant de ce corps, lui transmettra le signalement du déserteur, fera connaître l'époque à laquelle il doit y arriver, et tiendra un contrôle de tous individus ainsi dirigés.

Ce contrôle fera mention des nom, prénoms, signalement de l'amnistié, de l'époque de sa désertion, de son lieu de naissance et de domicile, de l'arme et du corps où il servait avant l'amnistie, de l'époque de sa désertion, de celle de sa condamnation, *si elle est connue ;* enfin du nom du corps sur lequel il a été dirigé, et de l'époque à laquelle il a dû y être rendu.

Le contrôle de ceux des hommes en état de désertion maintenant détenus à leurs corps, et qui y rentreront en exécution de l'art. 5 du présent décret, sera formé par le major ou commandant du corps.

8. A l'expiration du délai prescrit par l'article 1.er, le contrôle à former en exécution de l'article 7 ci-dessus, sera clos et arrêté ; et un double, signé du fonctionnaire qui l'aura formé, sera adressé au directeur général des revues et de la conscription militaire.

9. Tout individu qui ne sera pas rendu à sa destination dans le délai fixé par sa feuille de route, sera, huit jours après l'expiration de ce délai, dénoncé comme prévenu de désertion avec récidive, par le chef de son nouveau corps, qui joindra, à l'appui de la plainte, la lettre d'avis et le signalement à lui transmis, d'après l'article 7 du présent décret.

Le conseil de guerre spécial jugera, au vu de ces pièces, et condamnera le coupable à la peine du boulet, conformément à l'article 69 de l'arrêté du 19 Vendémiaire an 12.

10. Les hommes entrés dans un corps par suite du présent décret, seront, s'ils en désertent, jugés comme déserteurs avec récidive, et punis comme tels.

11. A l'expiration du troisième mois qui suivra la publication du présent décret, les chefs des corps sur lesquels les hommes susceptibles d'être amnistiés auront été dirigés en exécution des articles 4 et 6, ou dans lesquels ils seront rentrés en exécution de l'article 5, formeront les deux états ci-après ordonnés, et les adresseront au directeur général des revues et de la conscription militaire.

Le

Le premier comprendra ceux de ces hommes présens au régiment ;

Le second, ceux qui auraient négligé de s'y rendre, ou qui auraient déserté depuis leur rentrée.

L'un et l'autre indiqueront l'autorité qui avait dirigé le militaire sur ce corps, ou s'il y est rentré parce qu'il était détenu à ce corps au moment de l'amnistie.

12. Au reçu des états et des contrôles mentionnés dans les articles 7 et 11 du présent décret, le directeur général des revues et de la conscription militaire fera rayer les hommes y compris du contrôle général de la désertion tenu dans ses bureaux ; il fera cesser les poursuites résultant du premier jugement prononcé contre eux : mais en exécution du nouveau jugement qui aura dû être rendu conformément à l'article 9 du présent décret, il fera poursuivre et rechercher ceux des amnistiés qui n'auraient pas rejoint après leur déclaration, ou qui auraient déserté depuis, et informera de ces dispositions les chefs de leurs anciens corps.

13. L'arrêté du 1.er Frimaire an 12 ayant accordé amnistie entière et absolue aux conscrits de l'an 7 et années antérieures, alors en état de désertion, ceux de ces hommes qui n'ont pas rejoint un corps depuis l'époque de cet arrêté, seront dispensés de toute déclaration ; ceux qui ont rejoint depuis, et qui sont actuellement en état de désertion, sont soumis aux dispositions du présent décret.

14. Notre ministre de la guerre est chargé de l'exécution du présent décret.

Signé NAPOLÉON.

Pour copie conforme :

Le direct. gén. des revues et de la conscript. militaire,

J. G. LACUÉE.

INSTRUCTION du Directeur général des Revues et de la Conscription militaire, à Messieurs les Préfets des Départemens, relative à l'emploi des Garnisaires au domicile des Conscrits retardataires, et de leurs pères et mères.

Paris , le 18 Août 1807.

Je vous adresse, Messieurs, un avis du conseil d'Etat, relatif à l'emploi des garnisaires , approuvée par S. M. I. et R., le 1.er Juin dernier.

Cet avis ayant clairement désigné, dans son article premier, les personnes contre lesquelles vous devez recourir aux garnisaires , je me bornerai à vous donner ici les instructions qui m'ont paru nécessaises pour en régulariser l'emploi et en rendre les effets plus certains.

TITRE PREMIER.

Cas où les Préfets pourront et devront employer les Garnisaires.

ARTICLE PREMIER.

Avant d'employer les garnisaires , Messieurs les préfets feront toujours usage des moyens de persuasion qu'ils croiront les plus propres à ramener les retardataires.

2. L'envoi des garnisaires devra être nécessairement précédé de huit jours au moins, par la publication et l'affiche dans la commune , de la liste des retar-

dataires qu'elle renferme dans son sein, et du nom de leurs pères, mères ou tuteurs.

Cette liste sera accompagnée d'un avis annonçant que, si tel jour tous les retardataires ne sont pas arrivés au chef-lieu du département, la force armée se rendra dans la commune pour ramener à l'obéissance ceux des conscrits qui seront encore insoumis.

3. Messieurs les préfets auront la faculté de ne pas employer les garnisaires dans une commune, lorsque les circonstances suivantes se trouveront réunies :

Que le nombre des retardataires n'excedera pas le huitième du contingent de la commune :

Que les opérations s'y seront toujours faites avec soumission et tranquillité;

Que les pères et mères des retardataires seront connus pour n'avoir favorisé d'aucune manière la désobéissance de leurs enfans.

4. L'obligation d'envoyer des garnisaires est imposée à Messieurs les préfets ;

Lorsque le nombre des retardataires de la commune excédera le huitième du contingent ;

Lorsque ce nombre étant même au-dessous d'un huitième, les opérations de la conscription auront été tumultueuses;

Lorsque, dans les levées précédentes, l'administration aura éprouvé des difficultés pour compléter le contingent;

Lorsque la commune comptera parmi ses habitans un ou plusieurs réfractaires ou déserteurs, ou sera soupçonnée d'avoir donné asile à des réfractaires ou déserteurs d'autres communes.

Néanmoins, dans ces cas, MM. les préfets sont autorisés à excepter momentanément de la charge des garnisaires, une veuve infirme et pauvre, ou un père dans le même état d'infortune, si d'ailleurs ils sont bien connus pour n'avoir pas excité leurs enfans à la désobéissance.

5. MM. les préfets suspendront l'envoi des garnisaires et en référeront au directeur général des revues et de la conscription militaire ;

Lorsqu'ils seront convaincus que l'infortune des pères et mères de tous les retardataires ne leur permettrait pas de payer les frais de garnisaires ;

Lorsqu'ils jugeront que, même avec la possibilité du paiement partiel des frais, la mesure ne produirait pas l'effet attendu ;

Lorsqu'ils penseront que la mesure non-seulement ne remédierait pas au mal, mais pourrait encore donner lieu à d'autres inconvéniens.

Dans chacun de ces trois cas, les préfets feront connaître de suite au directeur général les moyens qu'ils croiront les plus propres pour ramener les conscrits retardataires à l'obéissance.

TITRE II.

Choix des Garnisaires ; leur nombre.

6. Les détachemens à employer comme garnisaires seront fournis,

1.º Par la compagnie de réserve du département ;

2.º Par les corps militaires stationnés dans l'étendue du département ;

3.º Par les vétérans attachés au service du département ;

4.º Par la gendarmerie ;

5.º Par les anciens militaires retirés , qui seront jugés propres à ce genre de service.

7 Lorsque les garnisaires devront être fournis par les troupes en station dans les départemens ou par les vétérans, MM. les préfets adresseront au général commandant le département une réquisition qui indiquera le jour où ils devront se mettre en marche, le nombre des hommes à fournir et leur destination.

8. Une réquisition sera faite aussi au capitaine de gendarmerie , lorsque MM. les préfets jugeront qu'il serait nécessaire d'ajouter quelques gendarmes aux détachemens destinés à tenir garnison.

Le nombre de gendarmes , leur grade, l'époque de leur départ et leur destination , seront également indiqués.

9. Si le général commandant le département ou le capitaine de gendarmerie ne croyaient pas pouvoir déférer à la réquisition qui leur aurait été adressée , ils en feraient connaître les motifs, par écrit, au préfet; ils en rendraient aussi un compte direct et particulier au directeur général des revues et de la conscription.

10. Lorsqu'on emploiera , comme garnisaires , des militaires retirés, le traitement que chacun d'eux devra recevoir, d'après son grade, sera indiqué par le préfet, de concert avec le commandant du département.

11. Le nombre des garnisaires à placer chez chaque particulier . sera fixé par le préfet ; ce nombre ne pourra être au-dessus de quatre, à moins d'une autorisation formelle et préalable donnée par le directeur général

Les préfets ne pourront de même, sans y être spécialement autorisés par le directeur général, laisser plus d'un mois des garnisaires chez le même individu.

L'état que le préfet doit rendre exécutoire pour le paiement des garnisaires, contiendra outre les nom ;

prénoms et profession de chaque particulier chez lequel il en sera placé, le nombre des garnisaires que ce particulier sera tenu de recevoir, leur grade et le temps qu'ils devront y rester. Cet état devra être rédigé par commune.

12. Les garnisaires ayant des chevaux, seront employés, pour le nombre, dans la même proportion que les garnisaires à pied : mais comme ils occasionneront une dépense plus considérable, ils seront, de préférence, employés chez les individus dont l'insoumission sera plus prononcée ou pourrait être d'un plus dangereux exemple.

13. Dans le cas où le nombre des militaires dont le préfet pourrait disposer pour être employés comme garnisaires, serait insuffisant, MM. les préfets emploieront d'abord tous ceux qui seront disponibles, dans les communes ayant le plus de retardataires, de réfractaires ou de déserteurs, et ils les placeront de préférence ainsi qu'il vient d'être dit article 12.

Ils feront connaître de suite au directeur général, le nombre de garnisaires supplémentaires dont ils auront besoin.

TITRE III.

Mode à suivre pour la levée totale ou partielle de la Garnison.

14. Lorsqu'un retardataire aura été arrêté ou se sera volontairement représenté, les garnisaires placés chez lui ou chez ses père et mère en seront retirés.

Ils seront ou envoyés par les ordres du sous-préfet, chez les pères et mères des retardataires qui n'auront pas été encore soumis à la peine des garnisaires, ou s'il y a lieu, ajoutés à ceux qui déjà auront été placés chez d'autres habitans, sans toutefois excéder le *maximum* fixé par l'article 11.

15. Si, par suite de la représentation volontaire ou de l'arrestation d'une partie des retardataires, une portion des garnisaires devient inutile dans une commune, ils seront renvoyés au commandant des garnisaires dans ce même canton, pour y être employés au besoin.

S'il n'existe pas de garnisaires dans d'autres communes du canton, ou s'il ne doit pas y en être employé un plus grand nombre, la portion du détachement devenue inutile sera renvoyée au commandant de l'arrondissement.

Enfin, si elle est inutile dans l'arrondissement, elle sera renvoyée au chef-lieu du département.

16. Dans toute autre circonstance que celle de l'arrestation ou de la représentation d'une partie ou de la totalité des retardataires, la levée totale ou partielle de la garnison ne pourra avoir lieu que sur le proposition du sous-préfet et d'après les ordres du préfet.

TITRE IV.

Devoirs à remplir par les Garnisaires ; surveillance et discipline auxquelles ils sont soumis.

17. MM. les préfets remettront à chaque commandant de détachement de garnison, non-seulement l'état nominatif des retardataires de la commune, mais encore celui des réfractaires et déserteurs qui se trouveront dans le canton où la garnison sera établie.

Cet état contiendra les nom et prénoms des retardataires, des déserteurs et réfractaires, et ceux de leurs pères et mères, l'indication de leur demeure et de leur profession.

18. Les détachemens se livreront, pendant la durée de la garnison, à la recherche des réfractaires et déserteurs, et les feront arrêter. Ils prêteront, au besoin, main-forte à la gendarmerie dans cette partie essentielle de ses devoirs.

19. Les détachemens de garnisaires continueront d'être soumis, pour la police et la discipline, à tous les règlemens militaires.

Toutes les plaintes que les particuliers pourraient avoir à faire contre eux, seront portées devant les maires ou leurs adjoints.

Les maires et adjoints communiqueront ces plaintes au commandant du détachement.

20. Ce commandant, suivant la gravité des plaintes qui lui auront été portées, et après avoir vérifié les faits, infligera les punitions qui seront de sa compétence, ou en référera au préfet et au commandant militaire du département.

Il donnera provisoirement tous les ordres nécessaires pour la répression des abus.

21. Le commandant d'un détachement de garnison ne pourra, sous quelque prétexte que ce soit, installer des garnisaires que chez les particuliers indiqués sur l'état dressé par le préfet, ni en mettre dans une maison au-delà du nombre fixé dans le même état.

22. Le commandant désignera, pour chaque portion de détachement, lorsqu'il devra être divisé entre plusieurs communes, un sous-officier, auquel il déléguera la surveillance et le commandement des hommes formant l'escouade.

Le choix de ces commandans particuliers aura été fait, avant le départ, de concert avec le préfet.

.Le commandant du détachement sera lui-même logé chez un des particuliers soumis à la garnison.

23. Les garnisaires ne pourront, sous aucun prétexte, rien exiger des particuliers chez lesquels ils seront établis, au-delà de ce qui leur est accordé par l'avis du conseil approuvé par Sa Majesté.

Les délits de cette nature seront punis conformément aux dispositions du Code militaire pénal.

24. Lorsqu'un détachement ou portion de détachement de garnisaires quittera la commune où il aura été employé, le commandant requerra le maire ou l'adjoint de lui délivrer un certificat de bien-vivre.

S'il a été porté des plaintes contre quelques individus du détachement, le certificat en fera mention ; il relatera aussi, s'il y a lieu, les dispositions faites par le commandant du détachement pour la répression des abus et la punition des délinquans.

Ces certificats de bien-vivre seront remis au préfet, par le commandant du détachement.

25. Les maires ou adjoints ont le droit de refuser le certificat de bien-vivre. Ils ne seront pas tenu de donner au commandant des garnisaires les motifs de leur refus.

Ils en rendront un compte particulier au sous-préfet, et celui-ci au préfet, qui fera connaître les motifs du refus au directeur général.

TITRE V.

Solde et traitement des Garnisaires.

26. Le logement et la solde pour tenir lieu d'indemnité, déterminés par les articles 5 et 6, sont dus aux garnisaires pour l'aller, le séjour dans la commune, et le retour à leur garnison habituelle.

L'indemnité leur est payée sur les fonds fixés par les articles précités, et le logement leur est fourni en nature.

27. Toutes les sommes payées pour les garnisaires, seront remises par les maires ou adjoints au commandant du détachement qui en donnera son récépissé.

28. Il sera retenu par jour sur la somme à payer pour chaque garnisaire, quel que soit son grade, 5o centimes destinés à former un fonds commun.

Le fonds commun sera employé ainsi qu'il est prescrit par les articles 33, 39 et 40 ci-après.

29. Le commandant nommera pour tout le détachement, s'il doit être employé dans la même commune, et pour chaque portion de détachement, s'il est placé dans les communes différentes, un sous-officier faisant fonctions de fourrier. Ce sous-officier sera dépositaire des sommes destinées au paiement des garnisaires placés dans la commune.

Il sera spécialement chargé de pourvoir à la subsistance des hommes et à la nourriture des chevaux.

3o. Les officiers et soldats placés dans la même commune, feront, autant qu'il sera possible, ordinaire en commun.

Le commandant du détachement fixera, de concert avec le préfet, la portion de leur solde qui, suivant les localités, devra être mise à l'ordinaire ;

Le surplus sera distribué tous les cinq jours à chaque sous-officier et soldat, à titre de deniers de poche.

31. Lorsque les garnisaires ne pourront pas faire ordinaire en commun, la totalité de la solde dont ils doivent jouir en exécution de l'article 28, leur sera délivrée de cinq jours en cinq jours.

Chacun d'eux sera alors tenu de pourvoir à sa subsistance.

32. Les officiers recevront toujours, de cinq jours en cinq jours, la totalité de leur solde, excepté toutefois la retenue de 30 centimes prescrite par l'article 28.

Les officiers, sous-officiers et soldats seront portés dans les revues comme présens au corps. A leur rentrée aux drapeaux, ils seront rappelés de leur solde et traitement.

Les militaires retirés jouiront indépendamment de leur indemnité comme garnisaires, de leur traitement ordinaire de retraite ou de réforme.

33. Lorsque les garnisaires seront montés, le prix de la ration de leurs chevaux sera fixé sur les mercuriales du pays. Cette fixation se fera par les préfets et les commandans de détachemens.

Si les deux francs accordés par l'article 6 de l'avis du conseil d'état, pour l'indemnité destinée à la nourriture du cheval, sont plus que suffisans, le surplus sera ajouté au fonds commun qui se forme de la retenue de cinquante centimes sur chaque garnisaire.

Si les deux francs ne suffisent pas, il y sera pourvu par une addition prise sur le fonds commun.

34. Si un détachement de garnisaires ne pouvait pas se procurer de fourrages de gré à gré, le maire de la commune serait tenu de lui faire fournir le nombre de rations auquel il a droit d'après les règlemens.

L'état de ces rations serait arrêté par le commandant du détachement et par le maire ou l'adjoint, et chaque ration serait payée suivant les mercuriales du mois précédent.

35. Trois jours après la rentrée d'un détachement de garnisaires, le commandant présentera au préfet le compte de ses recettes et de ses dépenses.

Ce compte sera divisé par nature d'objets.

A l'appui de leurs comptes, les commandans des détachemens produiront, 1.º l'état des sommes perçues dans chaque commune, certifié par les maires; 2.º les feuilles d'émargement de prêt, signées par les officiers et sous-officiers du détachement; 3.º les états nominatifs des hommes présens employés dans la commune comme garnisaires. Ces derniers états devront être visés, de cinq en cinq jours, par les maires. Les maires, avant de viser ces états de présence, pourront exiger que tous ceux qui y sont inscrits se présentent à la maison commune pour y être passés en revue par eux ou l'un de leurs adjoints.

TITRE VII.

Moyens d'assurer le recouvrement des sommes à payer comme frais de garnison; mesures à prendre pour y suppléer en cas de non-paiement; emploi du fonds commun.

36. Tout individu chez lequel il sera placé une garnison, paiera, suivant le nombre et le grade des garnisaires, les sommes fixées par les articles 5, 6, 7 et 17 de l'avis du conseil d'état.

L'état qui déterminera le nombre des garnisaires, les particuliers chez lesquels ils devront être placés, ainsi qu'il est prescrit ci-dessus, indiquera en même temps les sommes à payer par ceux-ci pour chaque journée.

Cet état sera rendu exécutoire par le préfet.

37. Chaque détachement de garnisaires sera accompagné d'un porteur de contraintes, auquel MM. les préfets remettront une expédition de l'état qu'ils auront rendu exécutoire.

Un même porteur de contraintes pourra, lorsque les localités le permettront, être employé en même temps près de deux ou plusieurs détachemens de garnisaires ; quand les localités s'y opposeront, il sera attaché un porteur de contraintes à chaque détachement.

38. Au départ de chaque détachement de garnisaires, le préfet avancera toujours au commandant la solde pour tout le temps de la route et pour les cinq premiers jours de station. Cette avance sera prise dans les caisses désignées à l'article 19 de l'avis du Conseil d'Etat.

39. A défaut de paiement par quelques-uns des particuliers soumis à la garnison, le commandant du détachement prendra sur le fonds commun la solde des garnisaires placés chez ces particuliers ;

Il prendra sur le même fonds la nourriture des chevaux.

En cas d'insuffisance de la partie du fonds commun, il pourra prendre sur ceux qui lui auront été avancés, conformément à l'article 38 ci-dessus.

40. Les garnisaires ayant droit à l'indemnité qui leur est attribuée, à dater du moment de leur départ du chef-lieu du département jusqu'au jour de leur retour dans leur garnison habituelle, les préfets, dans l'état rendu exécutoire, ajouteront à la somme fixée pour la solde journalière, la somme nécessaire pour l'aller et le retour des garnisaires ; ils répartiront cette dernière somme, de manière qu'elle pèse également sur tous ceux chez qui des garnisaires devront être envoyés et placés. Il en sera de même des sommes affectées au paiement du salaire du porteur de contraintes. Ces additions ne pourront toutefois élever la journée de garnisaire à plus de 50 centimes au-delà du taux fixé par l'article 5 de l'avis du Conseil.

Ce supplément sera destiné à solder les journées d'aller et de retour, et le salaire du porteur de contraintes; l'excédant, s'il y en a, sera versé à la masse du fonds commun.

41. Toutes les fois qu'il aura été placé des garnisaires dans une commune, quels que soient leur nombre et la durée de leur station, il en sera rendu compte au directeur général par MM. les préfets.

42. Les comptes que MM. les préfets rendront, seront conformes au modèle ci-joint.

Ce modèle sera suivi, soit que les garnisaires aient été envoyés dans plusieurs arrondissemens, soit qu'ils n'aient été placés que dans quelques cantons ou même dans quelques communes.

43. En rendant compte au directeur général des sommes qui auront été perçues dans chaque commune, MM. les préfets lui feront connaître celles qui resteront au fonds commun, et lui donneront leur avis sur leur emploi.

Aucune partie de ces sommes ne pourra être dépensée ni répartie sans son autorisation spéciale.

44. Aux comptes prescrits par les articles ci-dessus, MM. les préfets ajouteront leurs observations sur les résultats qu'ils auront obtenus, sur les difficultés qu'ils auront rencontrées, et sur les moyens de rendre la mesure des garnisaires plus régulière et plus utile.

Le directeur général des revues et de la conscription,

J. G. Lacuée.

ARRONDISSEMENT d

CANTON d

COMMUNE d

Envoi des Garnisaires chez les Retardataires, et leurs pères et mères.

Compte rendu par le Préfet du Département d

COMPOSITION de la garnison. — NOMBRE d	DÉPENSE.					RECETTE.				OBSERVAT.
	NOMBRE de jours qu'a duré la station y compris l'aller et le retour.	SOMMES payées y compris la retenue pour le fonds commun.	SOMMES allouées au porteur de contraintes	FRAIS de saisies et ventes.	TOTAL de la dépense.	SOMMES versées par les individus chez lesquels il y a garnison.		SOMMES provenant des ventes.	TOTAL de la recette.	
						En vertu des art. 5 et 6 de l'avis du Conseil.	En vertu de l'article 40 de l'instruct.n			
Officier										
Sergens										
Brigadiers.										
Maréchaux-des-Logis . .										
Caporaux										
Soldats.										
Chevaux.										

EXTRAIT DES MINUTES

DE LA SECRÉTAIRERIE D'ÉTAT.

EXTRAIT du Registre des Délibérations,
Séance du 12 Mai 1807.

AVIS.

Le Conseil d'Etat, qui, d'après le renvoi ordonné par Sa Majesté l'Empereur et Roi, a entendn le rapport de la section de la guerre sur celui du ministre du même département, tendant à fixer le mode d'employer les garnisaires contre les pères et mères des conscrits retardataires,

Est d'avis,

1.º Qu'il y a lieu de continuer à employer des garnisaires militaires contre les pères et mères des conscrits retardataires, qui, au jugement des préfets, seront convaincus d'avoir favorisé la désobéissance de leurs enfans ;

2.º Qu'une instruction du directeur général de la conscription indique aux préfets les cas où ils pourront et où ils devront user de la voie des garnisaires, et ceux où ils devront lui en référer avant de l'employer ;

3.º Que cette même instruction précise, 1.º les devoirs des garnisaires et ce à quoi ils ont droit dans la maison où ils sont mis en garnison, 2.º leurs rapports avec les maires et adjoints ; 3.º le *maximum* du

nombre

nombre des hommes qui pourra être mis dans chaque maison, 4.º le *maximum* du temps qu'ils y resteront ;

4.º Que les garnisaires reçoivent, outre le logement militaire en nature, tel qu'il est dû aux troupes en marche ou en garnison, lorsqu'elles sont logées chez les habitans, une solde et une indemnité pour la nourriture de leurs chevaux, si, ayant droit d'en avoir, ils en ont, lesquelles solde et indemnité seront payées par ceux chez lesquels ils seront mis en garnison ;

5.º Que la solde à payer par ceux chez lesquels il sera placé des garnisaires, ne puissent excéder : savoir, pour chaque soldat, 1 *franc 50 centimes* ; pour chaque caporal, 1 *franc 75 centimes* ; pour chaque sergent, brigadier et maréchal-des-logis, 2 *francs 25 centimes* ; pour chaque officier, 3 *francs 50 cent.* ; qu'il soit prélève 50 centimes sur chacune des soldes ci-dessus, pour en faire un fonds commun, dont l'emploi sera fait conformément à l'article 10, et que le surplus forme la solde effective de chaque garnisaire ;

6.º Que l'indemnité pour la nourriture du cheval de chaque officier, sous-officier et soldat des troupes à cheval, employés comme garnisaires, soit fixée à 2 *francs* par jour ;

7.º Que la solde et l'indemnité, fixées par les articles 5 et 6, soient dues et payées par ceux chez lesquels les garnisaires auront été envoyés et placés, tant pour l'aller, le séjour dans la commune, que le retour des garnisaires dans le lieu de leur garnison habituelle ;

8.º Que les garnisaires ne puissent, sous peine de concussion, rien exiger de ceux chez lesquels ils seront placés, au-delà de ce qui est prescrit par les articles ci-dessus.

9.º Que le commandant du détachement des garnisaires soit tenu de rapporter au préfet un certificat de bien-vivre, délivré par le maire, ou, en cas d'absence, par l'adjoint du maire de la commune où sa troupe aura été placée;

10.º Que le directeur général de la conscription soit autorisé à faire faire l'emploi du fonds commun, créé par la deuxième disposition de l'article 5, pour couvrir le déficit qui pourrait résulter du non-paiement, ou du paiement partiel de la solde et de l'indemnité;

11.º Que l'envoi des garnisaires soit ordonné par le préfet; que son acte indique nominativement les individus chez lesquels il sera placé des garnisaires, et le nombre que chacun d'eux devra recevoir; qu'il énonce la somme à payer par jour pour chacun des garnisaires montés ou non montés;

12.º *Que la levée totale ou partielle de la garnison ne puisse être faite que de l'ordre du préfet et du sous-préfet;*

13.º Que la solde et la nourriture des chevaux soient assurées pour cinq jours à l'avance, au moyen d'une consignation, entre les mains du maire ou de l'adjoint, d'une somme égale au montant de la solde et de l'indemnité de nourriture des chevaux pour cinq jours; cette consignation devant être faite à l'arrivée du détachement, et renouvelée avant l'expiration du cinquième, du dixième, du quinzième jour, etc. tant que durera la garnison;

14.º Que la somme dont la consignation doit être faite par chaque individu chez lequel il sera placé un ou plusieurs garnisaires, soit portée dans un état rendu exécutoire par le préfet, et remise à un porteur de contraintes par lui désigné, et lequel accompagnera le détachement, et arrivera avec lui dans la commune où la garnison doit être établie;

15.º Que le porteur de contraintes se présente chez

chaque particulier au moment même de l'établissement des garnisaires de son domicile, et qu'il lui fasse commandement d'avoir à consigner, dans trois heures pour tout délai, entre les mains du maire ou de l'adjoint qui sera désigné, la somme pour laquelle il est compris en l'état rendu exécutoire par le préfet; que pareil commandement soit renouvelé le cinquième, le dixième, le quinzième jour arrivé, etc., tant que durera la garnison;

16.º Qu'en cas de non-consignation dans le délai fixé, il soit fait, dans le jour, par le porteur de contraintes, en présence du maire ou de son adjoint, et, à leur défaut, du commandant du détachement, itératif commandement d'effectuer la consignation; et qu'à défaut d'y déférer sur-le-champ, il soit procédé à la saisie des meubles et effets du non-consignataire, pour, sur le procès-verbal de saisie, la vente des objets saisis, être ordonnée par le préfet, ainsi qu'il y aura lieu, et jusqu'à concurrence de la somme nécessaire pour payer la solde, l'indemnité de nourriture des chevaux, et les frais relatifs aux commandemens, saisies et ventes, le tout liquidé par le préfet;

17.º Que les salaires du porteur de contraintes, réglés par le préfet, soient payés par ceux ayant reçu des garnisaires;

18.º Que les sommes consignées soient remises, sans retard et sur récépissé, entre les mains du commandant du détachement, qui pourvoira à la nourriture des hommes et des chevaux, suivant les instructions qu'il aura reçues, et rendra compte au préfet, tant de la recette que de la dépense;

19.º Que lorsque le préfet prévoira que la consignation ne sera pas faite, ou ne le sera qu'en partie, il soit autorisé à faire une avance au commandant du détachement, et à emprunter, à cet effet, soit dans la caisse de la compagnie de réserve, si cette compagnie fournit les garnisaires, soit dans la caisse du receveur général, à prendre sur les fonds de non-valeur, si les garnisaires sont pris parmi toute autre troupe de ligne ; sauf à remplacer les sommes empruntées, par le montant des consignations, et par le produit des ventes des meubles et effets saisis ;

20.º Qu'en cas d'insuffisance des sommes provenant des consignations et des ventes, pour couvrir la totalité des frais des garnisaires et pour rembourser les sommes empruntées, les préfets soient autorisés à combler le déficit sur le fonds des dépenses imprévues, fait au budget de celles variables du département, en en rendant compte au ministre de l'intérieur.

Pour extrait conforme :

Le secrétaire-général du Conseil d'Etat,

Signé J. G. Locré.

Approuvé, en notre camp impérial de Dantzick, le 1.ᵉʳ Juin 1807.

Signé NAPOLÉON.

Par l'Empereur :

Le secrétaire d'Etat, signé Hugues-B. Maret.

Le Ministre de la guerre,
Signé maréchal Alex. Berthier.

Pour ampliation :

Le directeur général des revues et de la conscription,
J. G. Lacuée.

CIRCULAIRE du Directeur général de la Conscription militaire, à Messieurs les Préfets des Départemens, relative au delai fixé pour les demandes en dégrèvement ou décharge des indemnités dues par les Conscrits réformés de 1806.

Paris, le 5 Octobre 1807.

J'avais fixé, Messieurs les Préfets, par ma circulaire du 29 Septembre dernier, au 15 Novembre suivant, le délai dans lequel les demandes en dégrèvement ou décharge des indemnités dues par les conscrits réformés de 1806, devaient m'être adressées. Les opérations de cette levée, et par suite celles des levées de 1807 et 1808, ayant pu retarder dans les départemens l'examen de ces demandes, j'ai cru ne pas devoir tenir rigoureusement à cette disposition, et j'ai autorisé Messieurs les préfets, par mes circulaires des 23 Janvier et 6 Mai derniers, à m'adresser toutes les réclamations qui pouvaient leur avoir été présentées. L'intervalle qui s'est écoulé jusqu'à ce moment, a été plus que suffisant pour que chaque individu qui pouvait prétendre à jouir du bénéfice de l'article 42 du décret du 8 Fructidor an 13, ait eu le temps de se pourvoir. Je vous préviens, en conséquence, que je n'admettrai plus aucune réclamation pour 1806.

Les motifs qui m'ont fait proroger le délai pour l'admission des réclamations des conscrits de 1806, étant les mêmes pour celles des conscrits de 1807, vous pouvez m'adresser encore les demandes qui ont pu vous être présentées pour cette dernière classe. Je les recevrai jusqu'au 1.er Décembre prochain ; après cette époque aucune ne sera admise.

A l'égard des conscrits réformés de 1808, leurs réclamations devront me parvenir avant le 1.er Février suivant. Ce terme sera également de rigueur.

Vous réunirez ces demandes, comme par le passé, dans des états conformes au modèle n.º 1, joint à ma circulaire du 29 Septembre 1806, et vous aurez soin d'y joindre les pièces justificatives. J'insiste sur ce point, attendu que l'examen des réclamations sur lesquelles j'ai prononcé, m'a fait connaître que les motifs de quelques-unes n'étaient pas suffisamment justifiées, ce qui a nécessité de ma part des demandes de renseignemens plus précis.

Ces dispositions ne s'appliquent ni aux demandes qui n'ont pour objet que la rectification d'erreurs r connues, ni à celles formées par les conscrits taxés d'office au *maximum* de l'indemnité : pour ces deux espèces de réclamations, les délais ci-dessus ne sont pas de rigueur ; mais Messieurs les préfets sentiront que de trop longs retards entraveraient la rentrée des indemnités ; et que s'il n'est pas en leur pouvoir de découvrir quelques erreurs, qui le plus souvent ne sont connues que des conscrits, il dépend d'eux de provoquer de plus promptes réclamations à cet égard, en donnant au recouvrement des indemnités, une plus grande activité.

Ces réclamations doivent m'être adressées comme les autres, avec les pièces justificatives ; mais elles seront portées sur des états conformes au modèle n.º 3, joint à ma circulaire du 23 Janvier dernier.

Quelques préfets paraissent n'avoir pas donné une assez sérieuse attention à la disposition de cette circulaire relative aux conscrits qui se trouvent en ce moment hors d'état d'acquitter le montant de leurs taxes ; il m'est parvenu des demandes en décharge fondées sur ce motif, sans être accompagnées des preuves de l'insolvabilité des conscrits, établies conformément aux articles 24 et suivans de l'instruction du 11 Janvier, concernant les amendes. Je ne statuerai sur aucune réclamation de cette nature, si les formalités prescrites par cette instruction ne sont pas ponctuellement suivies.

Les dispositions que je viens d'établir ont principalement pour but le prompt apurement de la comptabilité des indemnités de toutes les classes, pour le recouvrement desquelles les six mois accordés par la loi sont expirés; je dois aussi rappeler à Messieurs les préfets, que ce délai pour le paiement des indemnités des conscrits de 1808, a commencé à courir le 20 Mai dernier, jour de l'ouverture des séances du conseil de recrutement; qu'ainsi ils doivent mettre la plus grande activité, tant dans l'examen et l'envoi de toutes les réclamations qui pourraient leur avoir été présentées, que dans le recouvrement lui-même, afin que les retards qui ont eu lieu à l'égard des classes antérieures, ne se reproduisent pas pour celle de 1808.

Comme je dois présenter à sa majesté, dans le courant du mois de Décembre, une situation générale du service des indemnités, il est nécessaire que tous les états, compris celui du 1.er du même mois, pour les différentes classes sur lesquelles il reste des recouvremens à faire, me soient parvenus avant le 15; et je compte assez sur le zèle de Messieurs les préfets, pour espérer que je n'aurai à signaler aucun d'eux à sa majesté, comme ayant négligé cette partie importante de leurs devoirs.

Je vous prie, Messieurs les préfets, de vouloir bien donner une attention particulière à l'exécution de cette lettre, et m'en accuser réception aussitôt qu'elle vous sera parvenue.

J'ai l'honneur de vous saluer avec une considération distinguée.   J. G. LACUÉE.

CIRCULAIRE du *Directeur général de la Conscription militaire, à Messieurs les Préfets des Départemens.*

Paris, le 1.ᵉʳ Novembre 1807.

Le décret du 8 Juillet 1806 a voulu, Messieurs les préfet, que le produit des amendes encourues pour fait de la conscription et de la désertion, fût affecté aux dépenses du recrutement, et qu'en conséquence il fît partie du fonds spécial déterminé par l'article 7. Cette disposition a fait naître, dans plusieurs départemens, des doutes sur la destination des amendes prononcées tant contre les fauteurs et complices des réfractaires et des déserteurs, que contre les escrocs en matière de conscription.

On a élevé, à cet égard, les deux questions suivantes :

1.ʳᵉ Les amendes contre les fauteurs et complices des réfractaires et des déserteurs, sont-elles susceptibles des *attributions déterminées d'abord par la loi du 22 Juillet 1791, et ensuite par celle du 11 Frimaire an 7 ?*

2.ᵉ *Les individus condamnés pour escroquerie en matière de conscription*, doivent-ils être rangés dans la classe des fauteurs et complices des réfractaires?

Avant de répondre sur ces deux questions, j'ai cru devoir moi-même consulter le ministre des finances, qui est spécialement chargé de veiller à ce que les amendes prononcées en vertu des lois, ne soient pas détournées de leur destination.

S. Exc. vient de me faire connaître son opinion à ce sujet : il en résulte, à l'égard de la première question, que les amendes encourues pour fait de la conscription, étant consacrées aux dépenses du recrutement pour les articles 7 et 8 du décret impérial du 8 Juillet 1806, celles pour crime de complicité rentrent nécessairement dans cette classe ; et que les unes comme les autres, quoique prononcées correctionnellement, sont, à raison de la destination spéciale qui leur est donnée, exemptes des attributions accordées aux communes par les lois des 19 Juillet 1791 et 11 Frimaire an 7.

Quant à la seconde question, elle a paru au ministre des finances devoir se décider par les mêmes principes. Il a pensé que les escrocs, en matière de conscription, sont bien véritablement fauteurs et complices des conscrits réfractaires, puisque c'est par leur suggestion que ceux-ci ou ne se rendent pas à leur poste, ou désertent.

Ces deux solutions sont précises et dissipent tous les doutes ; je m'empresse, Messieurs les préfets, de vous les transmettre, afin que vous fassiez poursuivre, avec la plus grande activité, le recouvrement des amendes prononcées contre les individus que concernent les questions dont il s'agit.

Je vous recommande particulièrement de veiller à ce que tous ceux qui ont été condamnés comme escrocs en matière de conscription, soient portés sur les contrôles des fauteurs et complices des réfractaires, dont la formation est prescrite par l'instruct. du 11 Janvier. Ceux de MM. les préfets qui m'ont fait parvenir des contrôles sans y avoir compris les escrocs, devront faire dresser des états supplémentaires qu'ils m'enverront sans délai.

Je vous prie, Messieurs les préfets, de m'accuser réception de cette lettre aussitôt qu'elle vous sera parvenue.

J'ai l'honneur de vous saluer avec une considération distinguée.

J. G. LACUÉE.

CIRCULAIRE du Directeur général de la Conscription militaire, à Messieurs les Préfets des Départemens, relative au recélement des Conscrits ou Militaires déserteurs.

Paris, le 13 Novembre 1807.

Je suis informé, Messieurs les préfets, que, dans quelques départemens, l'autorité administrative pense qu'un recéleur de déserteur ou de conscrit réfractaire n'est dans le cas d'encourir les peines prononcées par l'article 4 de la loi du 24 Brumaire an 6, qu'autant qu'il aurait préexisté un jugement qui aurait condamné l'individu recélé, comme déserteur ou comme réfractaire ; et que, dans quelques autres départemens, cette opinion est adoptée par les cours de justice.

Dans l'un et l'autre cas, les recéleurs commettent un délit extrêmement préjudiciable aux intérêts de l'Etat ; il importe donc de les priver d'un système de défense qui n'est que spécieux.

Son Excellence le grand-juge ministre de la justice, consulté à ce sujet, a, par une lettre du 19 Octobre dernier, établi de la manière la plus lumineuse les principes qui doivent, en pareille circonstance, servir de guide tant aux administrateurs qu'aux juges.

« Du moment, y est-il dit, où un conscrit est appelé, par un acte de l'autorité administrative, à faire partie de l'armée, et qu'il élude cet appel par la fuite, ou en se tenant caché, il se constitue en état de désobéissance, et tout individu qui, à dater de cette époque, lui donne asile ou le reçoit dans sa maison en qualité de serviteur à gages ou autrement, est passible des peines prononcées contre les recéleurs, par les lois des 14 Brumaire an 6 et 17 Ventôse an 8, et ces peines sont applicables au recéleur, dans tous les cas où il ne justifie pas avoir rempli les formalités prescrites par l'article 5 de la loi précitée du 24 Brumaire an 6.

Quand aux militaires, ils se constituent en état de désertion, lorsqu'ils abandonnent leurs drapeaux sans permission, ou lorsqu'ils négligent de les rejoindre à l'expiration du congé ou permis qu'ils peuvent avoir obtenu : il suffit donc qu'un militaire ait été signalé à la gendarmerie impériale comme déserteur, pour que celui qui le recèle encoure les peines déterminées par la loi, et les tribunaux ne peuvent pas différer d'appliquer ces peines au recéleur, sous prétexte qu'il n'existe pas de jugement du conseil de guerre qui ait condamné le militaire recélé aux peines de la désertion. »

Ces principes sont clairs et positifs ; je vous prie, Messieurs les préfets, de ne vous en écarter en aucune circonstance ; et si quelque tribunal en négligeait l'application, de vouloir bien m'en donner avis sur-le-champ.

Je vous prie de m'accuser réception de cette lettre.

J'ai l'honneur de vous saluer avec une considération distinguée.

J. G. Lacuée.

SÉNATUS-CONSULTE

Relatif à la Conscription de 1809.

Du 21 Janvier 1808.

NAPOLÉON, par la grâce de Dieu et les Constitutions, EMPEREUR DES FRANÇAIS, ROI D'ITALIE, et PROTECTEUR DE LA CONFÉDÉRATION DU RHIN, à tous présens et à venir, salut.

Le Sénat, après avoir entendu les orateurs du Conseil d'état, a décrété et nous ordonnons ce qui suit :

EXTRAIT des Registres du Sénat conservateur, du jeudi 21 Janvier 1808.

LE SÉNAT CONSERVATEUR, réuni au nombre de membres prescrit par l'article 90 de l'acte des constitutions du 22 Frimaire an 8 ;

Vu le projet de sénatus-consulte rédigé en la forme prescrite par l'article 57 de l'acte des constitutions, en date du 16 Thermidor an 10 ;

Après avoir entendu, sur les motifs dudit projet, les orateurs du Conseil d'état, et le rapport de sa commission spéciale, nommée dans la séance du 16 de ce mois ;

L'adoption ayant été délibérée au nombre de voix prescrit par l'article 56 du sénatus-consulte organique du 16 Thermidor an 10,

Décrète ce qui suit :

Article 1.er Quatre-vingt mille conscrits de la conscription de 1809 sont mis à la disposition du Gouvernement.

2. Ils seront pris parmi les jeunes gens qui sont nés du 1.er Janvier 1789 au 1.er Janvier 1790.

3. Ils seront employés, s'il y a lieu, pendant le cours de la présente année, à compléter les légions de réserve de l'intérieur, et les cadres des différens régimens dont les dépôts sont en France.

4. Le présent sénatus-consulte sera transmis, par un message, à Sa Majesté impériale et royale.

Les Président et Secrétaires, *signé* CAMBACÉRÈS, Archi - Chancelier de l'Empire, *Président ;* T. HÉDOUVILLE, HERWYN, *Secrétaires.* Vu et scellé, *le Chancelier du Sénat*, signé LAPLACE.

Mandons et ordonnons que les présentes, revêtues des sceaux de l'État, insérées au Bulletin des lois, soient adressées aux cours, aux tribunaux et aux autorités administratives, pour qu'ils les inscrivent dans leurs registres, les observent et les fassent observer ; et notre grand-juge ministre de la justice est chargé d'en surveiller la publication.

Donné en notre palais impérial des Tuileries, le 22 Janvier 1808.

Signé NAPOLEON.

Vu par nous Archi-Chancelier de l'Empire ,
Signé CAMBACERÈS.

Par l'Empereur :

Le Ministre Secrét. d'état, signé HUGUES-B. MARET.

Le Grand-Juge Ministre de la justice ,
Signé REGNIER.

à une compagnie de pionniers, où ils resteront jusqu'à ce que leur classe soit congédiée.

56. Seront également conduits aux pionniers les conscrits qui se seront volontairement mis hors d'état de servir ; en se donnant une infirmité, ou qui seront convaincus de s'être fait arracher des dents pour se mettre à l'abri de la conscription.

57. Les myopies simulées deviennent chaque jour plus nombreuses : la réforme ne doit être prononcée pour cette cause qu'après le plus rigoureux examen ; l'épreuve des verres ne sera pas regardée comme suffisante. Il est temps d'empêcher que les jeunes gens ne soient tentés de recourir à des moyens qui, après avoir affaibli la vue, finissent par la détruire. La sévérité, à cet égard, ne saurait être portée trop loin. Il importe également que les conseils de recrutement se tiennent en garde contre les ruses des conscrits qui s'exercent au strabisme.

58. Toutes les fois que le conseil de recrutement jugera, en son ame et conscience, qu'un conscrit, sans s'être décidément mutilé, s'est néanmoins donné ou a entretenu, dans la vue de se faire réformer, une maladie susceptible de guérison, mais qui ne permet pas de le mettre actuellement en route, il devra, suivant les circonstances, ou l'ajourner à l'année suivante, en le mettant sous la surveillance spéciale de sa municipalité et sous celle de la police secrète du préfet, ou l'envoyer à l'hôpital militaire du chef-lieu de la division, pour y être traité pendant un mois au moins, sans aucune communication ni avec sa propre famille, ni avec des personnes étrangères à l'hôpital.

Ceux qui, après ce terme, seront reconnus susceptibles de guérison, resteront à l'hôpital jusqu'à ce qu'ils soient en état d'être mis en route ; et alors ils seront conduits aux drapeaux, quelque numéro qu'ils aient obtenu au tirage. Ils compteront en déduction du contingent de leur canton, soit pour l'année actuelle, soit pour la plus prochaine levée.

59. Ceux qui n'auront pas été jugés susceptibles de guérison, seront reconduits devant leur préfet, ajournés à l'année suivante, et, dans l'intervalle, soumis à la double surveillance ci-dessus prescrite.

60. Les réformes pour cause de hernie ne doivent être prononcées qu'après que l'existence en aura été bien constatée. Il y a déjà eu plusieurs jugemens prononcés contre des individus qui avaient procuré à des conscrits des hernies apparentes, dues à une simple introduction d'air. Il suffit de signaler cet abus pour le faire cesser. Toutefois, si quelque conscrit se présente avec cette fausse infirmité, il sera sur-le-champ conduit aux drapeaux, quelque numéro qu'il ait obtenu au tirage, et comptera en déduction du contingent de son canton, soit pour la levée présente, soit pour la suivante. Le préfet dénoncera en même temps aux tribunaux les auteurs et complices de la fraude.

S E C T I O N   I V.

Ouvriers des Manufactures d'armes.

61. Les ouvriers des manufactures d'armes et les graveurs attachés au dépôt de la guerre, qui auront été désignés par le sort pour faire partie du contingent, seront places à la fin de la réserve.

62. Si la réserve est appelée, ils compteront en déduction du contingent, sans être cependant enlevés aux manufactures d'armes ou au dépôt de la guerre.

On les déduira du contingent du corps d'infanterie qui aura le plus de conscrits à recevoir sur cette réserve, et, dans les comptes à rendre, la manufacture ou le dépôt sera considéré comme un corps.

36*

SECTION V.

Conscrits à placer à la fin du Dépôt.

63. L'examen des procès-verbaux des conseils de recrutement m'a fait voir que, malgré les explications précises précédémment données sur l'article 18 du décret du 8 Fructidor an 13, on se permettait de mettre à la fin du dépôt, des conscrits qui ne réunissaient pas les conditions exigées; j'ai annullé sans exception toutes les décisions que je n'ai pas trouvées strictement conformes au texte du décret et aux développemens donnés dans les instructions ministérielles, parce que nul n'a le droit, en matière de conscription, d'accorder ce que la loi n'a pas donné. Il a été très-pénible pour moi de retirer de la fin du dépôt, des conscrits qui s'y trouvaient placés; mais il m'eût été plus pénible encore de laisser enlever à une famille favorisée par le sort, l'enfant que la loi n'avait pas appelé : tel est l'effet des placemens au dépôt non réguliers.

Les conseils de recrutement sentiront qu'ils doivent s'en tenir désormais à l'exécution ponctuelle et littérale du décret précité et des dispositions suivantes, qui n'en sont que le développement.

64. Un conscrit, frère, de quelque lit que ce soit, d'un conscrit d'une classe antérieure, désigné par le sort et faisant actuellement partie de l'armée active, ou mort en activité de service, passera de droit, s'il le demande avant la revue de départ, à la fin du dépôt de son canton, à moins qu'un autre de ses frères, encore vivant, n'y ait déjà été placé pour le même motif.

La dénomination d'*armée active* comprend uniquement les régimens, corps ou compagnies qui se recrutent par la voie de la conscription.

Cependant on considérera comme faisant partie de l'armée active, les conscrits des ans 9 et 10, appelés par l'arrêté du 23 ventôse an 11 ; ceux de la réserve de l'an 11, appelés par arrêté du 10 Thermidor même année ; ceux de la réserve de 1806 et de l'activité de 1808, appelés pour le service de la marine ; les conscrits qui, après avoir été incorporés, en cette qualité, dans les compagnies de réserve ou départementales, ont passé ou passeront dans l'armée active ; enfin les conscrits de la réserve de 1807, qui ont été appelés pour la garde municipale de Paris.

Le frère d'un remplacé n'a point droit à être mis à la fin du dépôt. Il en est de même du frère d'un remplaçant, du frère d'un conscrit non désigné admis dans les vélites, et de celui d'un enrôlé volontaire.

Le frère d'un substituant en activité de service a droit à cette faveur, non parce que son frère est substituant, mais parce qu'il sert en qualité de conscrit.

Elle ne peut être accordée au frère d'un conscrit qui a été condamné comme réfractaire, à moins qu'il n'ait été rayé comme s'étant trouvé dans le deuxième ou dans le quatrième des cas prévus par mon instruction du 11 Novembre 1807.

65. La faveur du dépôt s'appliquera à l'enfant unique d'une femme actuellement veuve : par enfant unique, on doit entendre l'individu qui n'a ni frère ni sœur, de quelque lit que ce soit.

66. Elle s'appliquera également à l'aîné d'enfans orphelins de père et de mère, au nombre de trois au moins, lui compris.

On ne considérera pas comme l'aîné des enfans, celui qui aurait une ou plusieurs sœurs plus âgées que lui.

DÉCRET IMPÉRIAL *contenant la Répartition des Conscrits de la Classe de 1809.*

Au Palais des Tuileries, le 7 Février 1808.

NAPOLÉON, Empereur des Français, Roi d'Italie, et Protecteur de la Confédération du Rhin ;

Sur le rapport de notre ministre de la guerre ; notre Conseil d'état entendu ,

Nous avons décrété et décrétons ce qui suit :

CLASSE de 1809.

TITRE I.er

Répartition entre les Départemens.

Art. 1.er Soixante mille conscrits, pris sur les quatre-vingt mille dont la mise en activité est autorisée par le sénatus-consulte du 21 Janvier , sont appelés , et seront répartis entre les départemens, conformément au tableau annexé au présent décret.

2. Vingt mille conscrits formeront la réserve.

TITRE II.

Des Opérations relatives à la Levée.

3. Toutes les opérations relatives à la levée ci-dessus prescrite seront exécutées conformément aux dispositions de notre décret du 8 Fructidor an 13.

4. Il sera prélevé, sur le contingent de chaque département, pour les carabiniers, les cuirassiers, et l'ar-

tillerie à pied et à cheval, un nombre d'hommes d'élite déterminé par les tableaux de répartition qui seront joints au présent décret.

TITRE III.

Époques auxquelles les Opérations ci-dessus prescrites doivent être exécutées.

5. Toutes les opérations qui doivent précéder la convocation du conseil de recrutement, seront terminées le 15 Mars.

Les conseils de recrutement s'assembleront le 15 Mars.

Le premier détachement de chaque département sera mis en route le 1.er Avril.

TITRE IV.

De la Répartition des soixante mille Conscrits de 1806 entre les différens Corps de l'armée.

6. Les cinquante mille conscrits de 1809, appelés par notre présent décret, seront répartis entre les légions et les différens corps de l'armée conformément aux tableaux qui seront annexés au présent décret.

7. Les vingt mille hommes restant des quatre-vingt mille dont la mise en activité est autorisée par le sénatus-consulte du 21 Janvier, formeront la réserve de 1809. On continuera à observer, à l'égard des conscrits de la réserve, les arrêtés des 18 Thermidor an 10 et 29 Fructidor an 11, et notre décret du 8 Nivôse an 13.

On se conformera, pour les conscrits en dépôt, à notre décret du 8 Fructidor an 13.

8. Si parmi les conscrits appelés il s'en trouve qui appartiennent à la garde nationale mise en activité, ils seront remplacés dans cette garde suivant le mode prescrit par notre décret du 8 Vendémiaire an 14.

9. Nos ministres sont chargés, chacun en ce qui le concerne, de l'exécution du présent décret.

Signé NAPOLÉON.

Par l'Empereur :

Le ministre secrét. d'état, signé HUGUES B. MARET.

DIRECTION GÉNÉRALE DES REVUES ET DE LA CONSCRIPTION MILITAIRE.

INSTRUCTION

SUR LA LEVÉE DE 1809.

TITRE PREMIER.

Dispositions générales.

Art. 1.er Les dispositions du décret impérial du 8 Fructidor an 13 seront observées pour la levée de 1809.

TITRE II.

Fixation des Époques de chaque Opération.

2. Les préfets feront de suite, et enverront aux sous-préfets la répartition entre les arrondissemens, du contingent général demandé à leurs départemens.

Les

Les sous-préfets feront, sans nul délai, la répartition entre les cantons, et donneront ordre aux maires d'exécuter la partie de l'article 8 du décret du 8 Fructidor qui les concerne.

Les opérations des sous-préfets dans les cantons, pour la rectification des listes, le tirage et l'examen des conscrits, commenceront le 1.er Mars et dureront jusqu'au 15.

Les conseils de recrutement commenceront leurs opérations le 15 Mars : leur tournée dans les arrondissemens et le plus grand nombre possible de cantons durera jusqu'au 28.

Le commandant du département fera former, par les officiers de recrutement, le tableau général, par rang de taille, des conscrits désignés : ce travail, et la répartition entre les armes et les corps, seront terminés le 31 Mars au plus tard.

Pendant ce dernier temps, le conseil de recrutement prononcera au chef-lieu sur les conscrits qui, lors de sa tournée, lui auront paru dans le cas d'être examinés de nouveau ou d'une manière plus particulière.

Le premier départ aura nécessairement lieu le premier Avril.

Le dernier ne pourra être différé au-delà du 25 du même mois.

Les conscrits qui auront demandé à se faire remplacer, ne seront admis à présenter un suppléant que jusqu'au dernier départ, dans lequel seront nécessairement compris, eux ou le remplaçant qu'ils auront fait agréer.

La clôture des séances du conseil de recrutement aura lieu le 30 Avril.

Le procès-verbal de cette séance, les listes dont le modèle se trouve à la suite de la présente instruction, et les pièces diverses qui doivent les accompagner, me seront transmis, au plus tard, le 1.er Juin.

3. En fixant, pour le commencement et la durée de chaque opération, des époques précises, j'ai voulu prévenir les graves abus qu'entraîne la précipitation. J'espère qu'aucune de ces époques ne sera dépassée.

Grâce à cette succession régulière des opérations de la levée, les conscrits ne seront mis en route qu'après que leurs droits à une exception quelconque auront été examinés ; ceux qui auront la volonté de se faire remplacer, auront le temps de trouver et de faire admettre des suppléans ; la répartition entre les armes et les corps sera faite avec plus de soin ; les revues de départ, auxquelles les trois membres du conseil de recrutement doivent toujours assister, seront passées plus régulièrement ; la force des détachemens sera plus égale et plus considérable ; les signalemens et les contrôles seront formés avec plus d'exactitude ; et, ce qui est préférable à tous ces avantages ; les conscrits et leurs familles, voyant leurs demandes tranquillement discutées par des autorités qui auront plus de temps pour les entendre, apprécieront les égards, les attentions même dont ils auront été l'objet ; et reconnaissant que la justice leur a été distribuée sans partialité et sans précipitation, ils ne formeront aucune plainte et se soumettront sans peine aux devoirs qui leur sont imposés par les lois.

TITRE III.

Complément des Listes de 1809.

4. Les individus des classes antérieures qui doivent être appelés avec les conscrits de 1809, forment six divisions distinctes.

Dans la première, sont compris les conscrits ajournés à 1809 par les conseils de recrutement ;

feront aussi partie de ce nombre les individus qui étaient détenus, et qui ne sont sortis de prison qu'après le complément du contingent de leur classe ;

Dans la seconde, ceux qui, ayant été, lors du tirage de leur classe, considérés comme inscrits maritimes ou comme enrôlés volontaires, n'ont cependant pas produit les preuves de leur inscription ou de leur présence sous les drapeaux, et ont dû être déclarés premiers à marcher ;

Dans la troisième, ceux qui ont été indûment placés à la fin du dépôt de leur canton, ou qui n'ont pas fourni les pièces exigées pour constater leurs droits à cette faveur ;

Dans la quatrième, les élèves de l'école spéciale militaire et ceux de l'école des trompettes, qui en sont sortis sans être placés par le Gouvernement;

Dans la cinquième, les individus dont l'inscription a cessé sur les registres de la marine ; les élèves sortis de l'école polytechnique sans avoir reçu du Gouvernement une destination ; les officiers de santé dont la commission a été rapportée par S. Ex. le ministre-directeur de l'administration de la guerre ; les jeunes gens qui ont quitté les séminaires sans prendre les ordres qui les attachent irrévocablement au service des cultes, ou que S. Ex. le ministre des cultes a remis comme conscrits à la disposition du département de la guerre ;

Dans la sixième enfin, les jeunes gens appartenant par leur âge aux levées antérieures, mais omis sur les listes.

5. Les conscrits de la première division, *ceux qui ont été ajournés à* 1809 *par le conseil de recrutement,* devront tous marcher, s'ils sont reconnus propres au service, attendu que l'ajournement n'a pu être prononcé que pour des conscrits désignés. Si l'ajourne-

35*

ment a été prononcé pour des individus non désignés, ceux-ci ne devront pas figurer dans le complément des listes de 1809, mais être restitués à leurs classes respectives, et rétablis sur les listes au rang qu'ils y occupaient.

Il en sera de même des détenus dont le numéro n'aura pas été appelé.

6. Les conscrits de la seconde division, *ceux qui ont été indûment considérés comme inscrits maritimes ou enrôlés volontaires*, seront tenus, quel que soit le numéro qu'ils aient obtenu lors du tirage de leur classe, de partir avec le premier détachement de 1809.

7. Les conscrits de la troisième division, *ceux qui doivent être extraits de la fin du dépôt où ils ont été indûment placés*, seront également tenus de marcher. Il est évident que cette disposition ne concerne pas ceux dont les numéros n'ont pas été appelés : ces derniers, devant être maintenus sur le tableau général de leur classe au rang que le sort leur avait assigné, ne pourront pas figurer dans le complément des listes de 1809.

8. Les conscrits de la quatrième division, *ceux qui sortent de l'école spéciale militaire ou de l'école des trompettes sans être placés*, marcheront (quel que soit le numéro qu'ils aient obtenu au tirage de leur classe) par suite d'une décision prise le 8 Janvier par S. Ex. le ministre de la guerre, et ainsi conçue :

1.º « Les élèves de l'école spéciale militaire conti- » nueront de se faire inscrire dans le département où » leur père est domicilié, comme les autres jeunes gens » de leur âge, lorsque la conscription les comprendra » dans l'une de ses classes.

2.º » Le temps qu'ils passent à l'école leur étant » compté pour service militaire, conformément à l'ar- » ticle 30 de la loi du 11 Floréal an 10, ils seront » à l'avenir considérés comme faisant partie de l'armée.

3.º » Enfin, s'ils sortent de l'école pour quelque
» motif que ce soit, avant d'avoir été nommés sous-
» lieutenans, ils seront dirigés sur l'un des corps se
» recrutant dans le département où ils auront été
» inscrits, à moins que des infirmités contractées ou
» développées à l'école ne les mettent dans le cas
» d'une réforme absolue ; ce dont le conseil de re-
» crutement de leur département restera juge.

4.º » La même décision est appliquée aux élèves
» de l'école des trompettes. »

9. Les dispositions de l'article 7 ci-dessus seront
appliquées aux conscrits de la cinquième division.

10. Quant aux conscrits de la sixième division, *ceux qui ont été omis sur les listes de la classe à laquelle ils appartiennent*, ils sont de deux espèces : 1.º ceux qui ont refusé de se faire inscrire, ou qui ont produit des pièces dont la fausseté n'a été reconnue que postérieurement à la levée de leur classe, ou qui, de dessein prémédité et avec leurs projets d'é-chapper à la conscription, ont réussi à n'être point placés sur les listes ; ceux-là subiront nécessairement les peines portées par l'article 22 du décret du 8 Fructidor an 13 : 2.º ceux qui ont été dans l'impossibilité constatée de se faire inscrire ; ceux-là concourront purement et simplement avec les conscrits de 1809 ; mais on ne rangera dans ce nombre que les conscrits dont la demande sera appuyée d'une déclaration par laquelle le maire de leur commune établira que le conscrit n'a pu connaître ses obligations. Cette déclaration devra être visée et reconnue vraie par le sous-préfet. On y rangera aussi ceux qui prouveront qu'ils ont fait les démarches nécessaires pour se faire inscrire, et que l'omission de leur nom est le résultat de quelque erreur indépendante de leur volonté. Le sous-préfet devra certifier la vérité de cet exposé.

Les pièces à l'appui de ces différens faits seront

jointes au procès-verbal de clôture des séances ordinaires.

11. Les jeunes gens compris dans ces six divisions
qui seront renvoyés à 1809 , seront considérés comme
conscrits de 1809, et désormais absolument étrangers
à tout ce qui pourrait concerner leur classe primitive.

12. Tous les consorits des cinq premières divisions
qui devront marcher , et parmi les conscrits de la
sixième , ceux qui ne seront pas admis au bénéfice
du tirage, seront placés dans l'ordre alphabétique de
leurs noms, en tête de la liste de leurs cantons respectifs. Ils seront comptés en déduction du contingent
de l'année , non des communes auxquels ils appartiennent , mais de la totalité du canton.

13. De cette dernière disposition il résulte que,
dans chaque canton , la série du tirage ne commen-
cera qu'après le dernier numéro assigné aux conscrits
des six divisions dont il vient d'être parlé. A cet
effet, dans chaque canton, le sous-préfet comptera combien il y a de ces conscrits des années antérieures qui doivent marcher , et fera inscrire leurs
noms vis-à-vis les premiers numéros qui, en conséquence, ne devront pas être mis dans l'urne ; de
sorte que si ces conscrits sont au nombre de sept,
le numéro 8 sera le premier jeté dans l'urne , et le
plus bas que puisse tirer un conscrit mis par son âge
dans la classe de 1809.

14. Pour que ces diverses dispositions puissent être
régulièrement exécutées , il est nécessaire que les
préfets aient fait parvenir aux sous-préfets, avant le
tirage, la liste de tous les conscrits qui doivent compléter celle de 1809. Toutefois les sous-préfets pourront, au moment de la vérification des listes, y
ajouter le nom d'autres conscrits, qui, se trouvant
dans l'un des cas précités , n'auraient pas été connus
du préfet.

TITRE IV.

Opération des sous-préfets.

15. On a jusqu'ici accordé avec trop de facilité, aux sous-préfets, l'autorisation de réunir, pour l'examen et le tirage, les conscrits de plusieurs cantons, au chef-lieu de l'arrondissement. Cette autorisation, que l'intérêt des administrés prescrit de ne donner que d'après les motifs les plus graves, ne sera à l'avenir accordée par les préfets, que dans le cas d'un avantage bien reconnu. -

16. Avant de commencer le tirage, les sous-préfets s'assureront, en présence du public, que le nombre des boules ou des bulletins est le même que celui des conscrits, et que ces boules ou bulletins sont parfaitement uniformes. L'urne qui les contiendra devra se trouver tout-à-fait isolée, c'est-à-dire, n'être tenu par personne.

Avant de procéder à l'examen, les sous-préfets vérifieront la justesse des toises.

17. Quelque rang que le sort ait donné aux conscrits, ils doivent tous subir les examens prescrits par le titre V du décret du 8 Fructidor, mais les sous-préfets ne doivent faire procéder à aucune visite.

Les causes qui auront provisoirement fait désigner des conscrits comme incapables de soutenir les fatigues de la guerre, seront clairement détaillées à leur article : ces jeunes gens seront tous renvoyés devant le conseil de recrutement, chargé de prononcer définitivement sur chacun d'eux, même sur ceux que le sort ou les exceptions auront placés au dépôt.

18. La faculté donnée au sous-préfets de réformer, sous leur responsabilité, les conscrits qui sont affectés de difformités évidentes a reçu jusqu'ici, en

quelques endroits, beaucoup trop d'extension. Ces fonctionnaires ne devront réformer à l'avenir que les jeunes gens incontestablement et universellement reconnus pour être privés de la vue, boiteux, etc. ou que leur maire, et plusieurs conscrits de l'année, pris au hasard et de la même commune, reconnaîtront en public et déclareront muets, etc. ou qui présenteront quelque autre cause de réforme aussi généralement et publiquement reconnue. Les sous-préfets compromettent réellement leur responsabilité, en réformant sans ces préalables; au lieu qu'ils font un acte de sagesse en renvoyant, lorsqu'il y a le moindre doute au conseil de recrutement créé pour prononcer sur tous les cas un peu douteux.

1o. Les conscrits ne pourront être définitivement réformés par les sous-préfets pour défaut de taille, que lorsqu'ils auront moins d'un mètre 5oo millimètres (4 pieds 7 pouces et demi). Ceux qui auront plus d'un mètre 5oo millimètres, ne pourront être réformés, pour défaut de taille, que par le conseil de recrutement.

2o. Les sous-préfets devront s'assurer positivement si les individus qui se présentent pour être examinés, sont les mêmes que ceux qui sont inscrits sur les listes des maires. Pour peu qu'il s'élève de doute dans leur esprit, ils ne considéreront l'identité comme constatée, que sur le témoignage publiquement donné par le maire et par deux conscrits au moins. S'il s'élève une réclamation, elle sera reçue par écrit ; et, de son côté, le maire devra certifier, également par écrit, l'identité constatée. Ces deux pièces seront mises sous les yeux du conseil de recrutement, qui prononcera, et fera poursuivre les individus qui seraient reconnus coupables.

21. Les sous-préfets sont tenus de signaler exactement chacun des conscrits sur lesquels le conseil

de recrutement aura à prononcer, afin que l'identité soit aisée à constater.

22. Ils donneront à leurs procès-verbaux assez d'étendue pour que les conseils de recrutement puissent y trouver tous les renseignemens nécessaires.

23. Les sous-préfets n'annoteront comme susceptibles d'être mis à la fin du dépôt, que les individus qui, aux termes du décret du 8 fructidor an 13 et de la présente instruction, y auront des droits incontestables, et les auront prouvés par les pièces indiquées au modèle annexé à l'instruction, sous le n.° 7. Toutes les fois qu'il leur restera des doutes à cet égard, ils en référeront particulièrement au au conseil de recrutement, chargé de prononcer.

TITRE V.

Opération des préfets et des conseils de recrutement.

SECTION Ire

Opérations générales.

24. Les trois membres du conseil de recrutement doivent assister à toutes ses séances à moins de maladie, ou d'absence permise par l'autorité supérieure.

Dans ce cas, le préfet ne pourra être remplacé que par un conseiller de préfecture, ou par le secrétaire général. Ce remplaçant présidera le conseil comme l'eût fait le préfet.

25. S'il n'y a point de commandant militaire dans un département, le préfet en donnera avis au général commandant la division, qui, pour le remplacer au conseil de recrutement, désignera un officier général

ou supérieur employé dans l'étendue de la division;
ou qui, à défaut d'officier général ou supérieur,
désignera un officier du même grade parmi ceux qui
jouiront d'une solde de retraite, ou du traitement
de réforme.

29. Les conseils de recrutement ne peuvent, sous
aucun prétexte, se dispenser de se rendre dans chaque
chef-lieu de sous-préfecture; et le décret du 8 Fructidor an 13, d'accord avec l'intérêt de leurs administrés, leur prescrit de se transporter dans le plus
grand nombre possible de chefs-lieux de canton. La
délibération motivée du conseil de recrutement sur
cet objet, sera toujours inscrite au procès-verbal des
séances.

Dans tous les cas, les conseils devront consacrer à
leur tournée la totalité du temps indiqué pour cet objet.

27. Les sous-préfets devront assister aux séances
que le conseil de recrutement tiendra dans l'étendue
de leur arrondissement, à moins de maladie, ou
d'absence permise par l'autorité compétente. Ils rendront compte au conseil, des motifs de toutes leurs
opérations, et feront les fonctions de rapporteur,
lorsqu'il y aura matière à discussion.

28. Si plusieurs officiers de santé, médecins ou
chirurgiens, méritent la confiance du conseil de
recrutement, il seront tous désignés pour la visite
des conscrits. Toutefois, et à moins d'impossibilité
absolue, les officiers de santé ne pourront être ceux
qui ont été employés par le conseil pour la levée de
la classe précédente. Une heure avant l'ouverture de
chaque séance, il sera fait un tirage pour savoir lequel
d'entre eux devra y assister ce jour-là : le préfet lui
notifiera sa désignation.

29. A mesure que le conseil de recrutement aura
prononcé sur un conscrit, sa décision devra être

portée non sur des feuilles volantes , qui sont *positivement interdites*, mais sur un seul et même registre,
coté et paraphé. Ce registre suivra le conseil dans toute
sa tournée : il n'y sera fait aucune rature, ou du
moins le nombre des ratures sera exactement indiqué au bas de la page ; les corrections ne pourront s'y faire que par addition ; il sera sans blancs
ni interlignes ; il n'y sera fait usage d'aucune abré-
viation dans l'inscription des prénoms.

30. Au commencement de chaque séance , le
procès-varbal de la séance précédente devra être relu :
et il sera mentionné sur le registre que cette formalité a été remplie.

31. Ce registre devra être signé, à chaque séance,
par les trois membres du conseil, et clos le jour de
la séance de clôture.

32. Outre les décisions du conseil, on y portera
les observations de chacun de ses membres , lorsqu'ils
désireront les y faire inscrire, pour mettre leur responsabilité à couvert.

33. Le conseil de recrutement tiendra , la veille du
jour fixé par le titre III pour le dernier départ;
une séance spéciale , dans laquelle il fera comparaître
devant lui les conscrits désignés qui , pour cause de
maladie passagère, n'auront pu être compris dans les
détachemens déjà mis en route. Il examinera si
chacun de ces conscrits est actuellement, ou non,
en état d'être envoyé aux drapeaux : dans le premier
cas , le conscrit devra partir le lendemain; dans le
second , il sera renvoyé à l'année suivante, et remplacé
sur-le-champ par son canton.

34. Les conseils de recrutement sentiront la nécessité de ne prononcer ces ajournemens qu'avec une
extrême réserve : en effet, on nuit aux conscrits
eux-mêmes, en prolongeant l'incertitude de leurs

familles ; et en retardant ainsi les établissemens que ces jeunes gens peuvent former ; enfin l'on fait partir des conscrits que leur numéro n'appelait point au service.

35. Ces différentes craintes ne doivent cependant point empêcher les conseils de recrutement d'ajourner les conscrits qui, pour le moment présent, sont incapables de servir, et de réformer ceux qui, par l'état de leur santé ou par leurs infirmités, laissent douter s'ils seront jamais capables de soutenir les fatigues de la guerre. Réformer des hommes un peu en état de servir, est un très-grand mal quand la faveur dicte le jugement ; mais envoyer aux armées des hommes incapables d'un bon service, est sans doute un mal plus grand encore.

J'engage les préfets à ne jamais perdre de vue que, d'après le décret du 6 Janvier 1807, qui sera très-sévèrement exécuté, les départemens doivent remplacer les hommes qui, à leur arrivée aux drapeaux, sont reconnus impropres au service. L'intérêt de leurs administrés réclame sur cet objet une grande attention de leur part ; et leur propre intérêt l'exige de la part des officiers gnénéraux, supérieurs et particuliers, qui concourent aux levées. Les préfets peuvent trouver des excuses dans leur position ; les militaires ne peuvent en donner de bonnes.

L'intention de S. E. le Ministre de la guerre est fortement et clairement exprimée dans le passage suivant, extrait d'une lettre qu'il m'a fait l'honnuer de m'adresser le 4 de ce mois :

« Il peut sans doute se glisser des erreurs, même
„ des abus, dans les opérations les mieux préparées,
„ et c'est alors que l'on doit en examiner attentivemeut
„ les causes, en réparer les effets, et punir sévèrement
„ les auteurs : mais ces cas sont rares, et ne peuvent
„ être considérés comme l'état habituel des choses.

„ Il y aurait bien moins de conscrits à renvoyer
„ dans leurs foyers, si les officiers employés à la
„ levée remplissaient exactement leurs devoirs, et
„ votre Excellence pensera sans doute, comme moi,
„ que quelques punitions exemplaires infligées à ceux
„ qui, par négligence, par faiblesse ou par tout autre
„ motif, auraient laissé comprendre des hommes
„ infirmes dans les contingens de leurs départemens,
„ produiraient un bon effet, et persuadraient à ces
„ officiers que la partie la plus essentielle de leurs
„ fonctions est le bon choix des conscrits. „

36. Le jour où le conseil de recrutement doit tenir
sa séauce de clôture, est déterminé par le titre II de
cette instruction, et ne peut être ni avancé ni reculé.

37. Le major, ou l'officier qui le remplace, ne
pourra, sous aucun prétexte, quitter le département
sans avoir signé le procès-verbal de cette séance,
ainsi que les états et les lites qu'il aura été nécessaire
de former, conformément aux modèles jointes à cette
instruction. Il devra se mettre en marche pour re-
tourner à son poste dans les trois jours qui suivront
la séance de clôture.

38. Le procès-verbal de la séance de clôture n'a
pas encore été par-tout aussi régulier qu'il aurait dû
l'être : les pièces dont il doit être appuyé, ne sont
pas toujours dans la forme et au nombre indiqués
sur les listes; quelquefois même elles manquent absolument. Quand les opérations sont bonnes, le
procès-verbal est bien fait; les irrégularités qu'il présente, décèlent le désordre de l'administration.

Au surplus, je dois prévenir que j'annullerai toutes
les décisions prises en faveur des conscrits qui n'auront
pas fourni les pièces régulières et complètes qui
doivent être annexées au procès-verbal de clôture.

39. Il sera joint au procès-verbal de clôture un
exemplaire des avis, instructions ou affiches qui auront

été imprimés par ordre des préfets, et une copie des ordres généraux qu'ils auront donnés par écrit aux sous-préfets pour tout ce qui concerne la levée des conscrits.

40. Le procès-verbal de la séance de clôture devra nécessairement m'être adressé dans le mois qui la suivra.

41. Après la séance de clôture, il pourra encore être tenu des séances de conseil de recrutement pour l'examen des absens et des conscrits appelés en remplacement des déserteurs en route, qui réclameront leur réforme ou l'autorisation de présenter des suppléans. Ces séances seront désignées sous le nom d'*extraordinaires*. Le procès-verbal qui en sera dressé, sera placé à la suite de ceux des séances ordinaires, et signé des membres qui composeront alors le conseil.

41. Aucune réforme définitive ne devant à l'avenir être prononcée après la séance de clôture du conseil ordinaire de recrutement, les conseils qui s'assembleront extraordinairement, se borneront à ordonner le départ des réclamans s'ils sont valides, ou leur renvoi à l'année suivante s'ils les reconnaissent hors d'état de servir.

43. Lorsque les états récapitulatifs, les contrôles revêtus des récépissés des corps, et la table alphabétique de ces contrôles, que m'auront transmis les capitaines de recrutement, comprendront un nombro de conscrits incorporés au contingent de chaque département, j'adresserai aux préfets un certificat dit *de quitus*, constatant que leur département est libéré.

44. Aussitôt que les préfets auront reçu ce certificat, les conseils de recrutement rédigeront le procès-verbal de clôture de leurs séances extraordinaires, et me l'adresseront : le modèle de ce procès-verbal, de même que ceux des listes qui doivent l'accompagner, sont annexés à la présente instruction.

45. Les préfets feront aussi dresser le tableau général des conscrits de leur département avec l'émargement, conformément à ma circulaire du 31 mars 1807 : ils me l'enverront avec le procès-verbal de clôture des séances extraordinaires.

SECTION II.

Exceptions.

46. L'exception absolue du service militaire n'est accordée qu'aux élèves des écoles de peinture, de sculpture, etc. qui ont remporté les grands prix ; elle seule n'est susceptible d'aucune des rescriptions prévues au titre III.

47. Les jeunes gens qui ont souscrit des enrôlemens volontaires avant la désignation ne doivent jamais compter en déduction du contingent.

48. Tout engagement volontaire contracté par un conscrit désigné, est nul ; le conscrit sera rendu à la désignation qu'il aurait dû suivre. On n'est conscrit désigné que le jour du tirage, et quand on est placé par son numéro soit dans l'armée active, soit dans la réserve.

49. Les préfets porteront une attention particulière sur ces enrôlemens contractés avant les désignations ; ils veilleront à ce que, conformément à ma circulaire du 27 Novembre 1806, les procès-verbaux m'en soit exactement adressés ; ils exigeront que les pères et mères leur fournissent, par des certificats de présence, la preuve que celui qu'on dit enrôlé est réellement sous les drapeaux du corps pour lequel il s'est destiné.

50. Si cette pièce n'est pas produite avant le jour fixé pour l'envoi du procès-verbal de la séance de clôture des séances ordinaires, auquel elle doit être

jointe, l'enrôlé sera déclaré réfractaire, à moins qu'il n'ait pendant ce dernier délai, fourni le certificat exigé.

La même marche sera suivie, dans tous ces détails, pour l'inscrit maritime qui n'aura pas prouvé son inscription par pièce authentique.

51. Les ministres protestans sont compris dans l'exception accordée, par le décret du 13 Messidor an 10, aux ecclésiastiques engagés dans les ordres sacrés.

Quant aux conscrits qui, avant d'exercer les fonctions de sous-diacre ou de ministre, sont autorisés à continuer leurs études, comme il faut *indispensablement* pour chacun d'eux un décret spécial de S. M., on ne retirera de l'activité que les noms de ceux qui l'auront obtenu, et on annexera au procès-verbal de clôture la copie de la notification officielle de ce décret.

52. Tout aspirant à l'école polytechnique, appelé par le sort pour être mis en activité, à qui un professeur d'un lycée, ou de tout autre établissement autorisé, délivrera un certificat dans lequel il déclarera qu'il croit, *en son ame et conscience*, N, ... son élève, assez instruit pour être admis à l'école impériale polytechnique *lors du plus prochain examen*, obtiendra du conseil de recrutement, si son numéro est appelé à marcher, un sursis de départ jusqu'au premier Novembre : à cette époque, il devra être rendu à l'école polytechnique s'il y a été admis, ou dirigé sur un corps militaire, si le contingent de son canton n'est pas complet ; et si le contingent de l'année est fourni il sera renvoyé à la levée la plus prochaine, conformément à l'article 9 de la présente instruction.

53. Il en sera de même de tout élève des écoles vétérinaires de Lyon et d'Alfort qui aura commencé son cours de pratique, et qui en justifiera par un

certificat

certificat en forme, revêtu des signatures du conseil d'administration de l'école. Ce certificat devra être présenté, au plus tard, le jour fixé au titre II pour le dernier départ.

SECTION III.

Réformes. — Mutilations volontaires. — Infirmités volontaires acquises. — Infirmités simples.

Les préfets feront connaître à leurs administrés, que les conseils de recrutement doivent lacérer sur-le-champ, et sans en avoir pris lecture, tous les certificats d'infirmité donnés par des officiers de santé ou des voisins; et les conseils de recrutement les déchireront en effet. Ils ne devront s'en rapporter qu'à eux-mêmes; et s'ils pouvaient, dans les cas douteux, comme la surdité, l'épilepsie, etc. recourir à des témoignages étrangers, ce serait à ceux des conscrits avec qui l'infirme prétendu a eu des rapports habituels, et qui sont intéréssés à maintenir entre eux les règles d'une sévère justice.

L'inutilité des certificats proclamée, les administrés sauront qu'ils seraient dupes d'en acheter, qu'il suffit aux conscrits de se présenter avec exactitude, docilité et confiance ; que, sans aucune exception, toutes les opérations de la conscription sont gratuites; que tous présens, toutes gratifications, sont des moyens de corruption que la loi classe dans le nombre des délits, et qui rendent coupables et ceux qui les donnent et ceux qui les reçoivent et ceux qui les tolèrent.

55. Les conscrits qui se seront mutilés volontairement, seront mis à la disposition du Gouvernement, pour être envoyés, sous l'escorte de la gendarmerie

S'il y a concurrence entre des jumeaux, on placera au dépôt celui que le sort aura le plus favorisé.

67. La faveur du dépôt s'appliquera aussi au conscrit dont le père, manouvrier, laboureur à gages, ou artisan, aura soixante-onze ans révolus le jour fixé pour la clôture des séances ordinaires.

Cette faveur ne devant être accordée qu'à un seul fils, quel qu'en soit le nombre, un conscrit n'en pourra jouir que dans le cas où aucun de ses frères, encore vivant, n'aurait été, au même titre, placé au dépôt.

Les fils d'adoption n'ont droit à aucune faveur sous le rapport de la conscription.

68. Le rang des conscrits placés de droit à la fin du dépôt, sera déterminé par le numéro que chacun d'eux aura obtenu au tirage. Le numéro le plus élevé sera le dernier du dépôt du canton, et, par conséquent, le dernier de la classe à être appelé, s'il y a lieu.

69. Les conscrits qui se prétendent dans un des cas de faveur spécifiés dans la présente section, ne seront admis que jusqu'à la veille du jour fixé pour le dernier départ, à justifier de leurs droits à en jouir. Si, à cette époque, ils n'en ont pas justifié, et que leur numéro les appelle à marcher, ils seront compris dans le dernier départ, et envoyés aux drapeaux.

Si deux frères appartenant à la même classe sont tous deux appelés à marcher, l'un d'eux pourra réclamer, à l'instant où son frère partira, la faveur d'être placé à la fin du dépôt : il n'y sera définitivement placé que lorsqu'il aura produit un certificat constatant la présence de ce frère sous les drapeaux ; et cette pièce sera jointe au procès-verbal de clôture des séances extraordinaires du conseil de recrutement. Si le conscrit n'a pas alors fourni le certificat exigé, il sera renvoyé à la levée suivante, pour être placé en tête de la liste d'activité, et compris dans le premier départ.

70. La même marche sera suivie pour les jeunes gens qui auront des frères trop récemment appelés à marcher comme conscrits, pour qu'on ait pu recevoir la nouvelle de leur incorporation.

71. Les préfets ayant été chargés de prévenir leurs administrés qu'ils devaient fournir, avant la clôture des séances ordinaires , les pièces destinées à constater leurs droits à être placés à la fin du dépôt, il y a lieu de croire qu'aucun d'eux ne se mettra, par sa négligence , dans le cas d'être privé de cette faveur. Les chefs de corps sentiront, de leur côté, qu'ils se rendraient coupables envers les familles qui y ont droit, s'ils n'expédiaient pas, pour les hommes en activité, les certificats de présence, aussitôt qu'ils leur seront demandés.

Si ces hommes se trouvent aux bataillons de guerre, le conseil d'administration du dépôt délivrera un certificat constatant qu'ils sont portés comme présens aux derniers états de mutations , et qu'il n'est parvenu aucun avis direct ni indirect qui prouve ou qui fasse soupçonner leur désertion. J'autorise les conseils de recrutement à considérer cette pièce comme équivalente à un certificat de présence : elle devra être jointe aux procès-verbaux de clôture.

Je recommande aux conseils d'administration la plus stricte surveillance dans la délivrance des certificats qu'ils accordent : il est inutile de leur faire sentir qu'ils ne peuvent, en aucun cas, regarder comme présent au corps un individu qui, quoique porté sur les contrôles de départ que transmettent les capitaines de recrutement , n'aurait pas encore passé sous les drapeaux.

72. Lors des futures levées, les familles n'auront pas à correspondre directement avec les corps pour a

demande des certificats de présence : il suffira qu'elles présentent, au moment de la formation des listes de conscription, leurs réclamations aux maires ; les maires adresseront aux sous-préfets un état nominatif, portant, 1.º les noms et prénoms des conscrits réclamans, 2.º ceux de leurs frères en activité ; l'indication exacte du corps où servent ces derniers.

De toutes ces listes, les sous-préfets en formeront une seule pour chaque régiment, et l'adresseront au préfet.

Les préfets fondront également et formeront par régiment les états adressés par les sous-préfets ; ils transmettront ces états définitifs aux divers corps, par l'intermédiaire du capitaine de recrutement.

Les conseils d'administration seront tenus d'émarger ces états le plus promptement possible, et de les renvoyer aux préfets par l'intermédiaire des capitaines de recrutement. Ces états ainsi émargés seront annexés au procès-verbal de clôture des séances ordinaires.

73. Il arrive quelquefois que des conscrits, après avoir passé la revue de départ, ou après avoir été incorporés, ou même après s'être fait condamner comme réfractaires, produisent des titres constatant qu'ils auraient eu droit à se faire placer à la fin du dépôt, s'ils les eussent présentés en temps utile, et demandent à jouir de cette faveur. Les réclamations de cette nature ne peuvent être accueillies.

SECTION VI.

Substitutions.

74. Les conscrits qui voudront jouir de la faculté de la substitution, seront tenus de se présenter l'un et l'autre par-devant le conseil de recrutement, qui seul pourra prononcer sur les demandes de ce genre :

le conseil s'assurera si les conscrits sont du même canton, de la même classe, et si celui qui prend le numéro le moins élevé, est aussi capable que celui qui le quitte, de soutenir les fatigues de la guerre ; il est même nécessaire que ni l'un ni l'autre n'aient demandé leur réforme.

75. Le conseil prendra, pour chaque substitution, une décision formelle qui devra être portée sur le registre de ses opérations, prescrit par l'article 29.

76. Cinq jours après que le conseil aura terminé son examen et proclamé la liste des individus qui formeront le contingent du canton, il ne pourra plus être admis de substitution.

77. Le conseil de recrutement joindra au procès-verbal de clôture le tableau, divisé par canton, des substitutions qu'il aura autorisées.

78. La substitution ne pouvant avoir lieu qu'entre des individus valides, elle sera annullée si celui des deux conscrits qui sera dirigé sur un corps y est réformé en vertu du décret du 6 Janvier 1807, et doit être remplacé par son canton. Chacun d'eux sera reporté à son numéro primitif; le réformé sera soumis au paiement de l'indemnité, et l'autre conscrit envoyé de suite aux drapeaux.

SECTION VII.

Remplacemens.

79. Les suppléans pour 1809 ne pourront être pris que parmi les conscrits libres et valides des ans 12, 13, 14, 1806, 1807 et 1808.

80. Aucun individu ne sera admis comme suppléant, s'il n'a au moins la taille d'un mètre 651 milimètres (5 pieds 1 pouce), et s'il ne réunit d'ailleurs, sans

aucune exception , toutes les qualités exigées par le decret du 8 Fructidor an 13.

81. La loi accorde aux conseils de recrutement beaucoup de latitude sur plusieurs objets : mais, relativement aux suppléans, elle leur a tracé des limites qu'ils ne peuvent franchir sans se rendre coupables. Ici leur sévérité doit être en quelque sorte excessive; et je me verrais forcé de faire peser sur eux toute la responsabilité que le decret du 8 Fructidor leur a imposée , s'ils apportaient trop peu de soins au choix des suppléans.

82. Avant la désignation faite par l'officier général ou supérieur, tout conscrit peut être remplacé par un conscrit qui a la taille d'un mètre 651 millimètres ; mais , dès qu'un conscrit a été destiné pour un corps d'élite, il ne peut se faire remplacer que par un conscrit ayant la taille exigée pour l'arme dont fait partie le corps auquel il est destiné.

83. Lorsque des conscrits placés de droit à la fin du dépôt se présenteront pour suppléer d'autres conscrits, voici la marche qui devra être suivie par les conseils de recrutement :

1.º L'enfant unique d'une veuve, et le fils d'un vieillard de soixante-onze ans, ne pourront être admis comme suppléans, s'ils ne justifient du consentemeut par écrit, ou authentiquement constaté, de la veuve ou du père.

2.º L'aîné d'enfans orphelins justifiera du consentement par écrit de son tuteur, et, à défaut de tuteur, du maire de sa commune.

3.º Les conscrits placés de droit à la fin du dépôt, à tout autre titre, peuvent être admis purement et simplement à remplacer un conscrit.

84. Si un conscrit libre, d'une des six classes désignées article 79, s'offre pour remplacer son frère, cet

acte sera considéré non comme un remplacement, mais comme une substitution. Le plus jeune des deux conscrits prendra la place de l'aîné, et sera tenu de marcher, si un appel fait sur la classe de ce frère vient à atteindre son numéro.

Il sera également tenu de marcher, dans le cas où son frère ne rejoindrait pas les drapeaux, et dans celui où, après les avoir rejoints, il serait réformé en vertu du décret impérial du 6 Janvier 1807.

85. Tout conscrit convaincu d'avoir présenté sciemment un remplaçant atteint de quelque infirmité cachée, ayant subi un jugement, ou inadmissible, soit à cause de son âge, soit à raison de sa taille, ou ayant pris de faux noms, ou enfin ne réunissant pas toutes les qualités requises, perdra la faculté de se faire remplacer, et sera tenu de marcher en personne.

86. Le conseil ne pourra, avant la levée de la réserve, admettre aucun conscrit de cette réserve à se faire remplacer : ces conscrits ne jouissent de cette faculté que du moment où ils sont appelés à l'armée active.

Les conscrits du dépôt ne peuvent également se faire remplacer.

87. Un conscrit qui a joui de la faveur de la substitution, peut ensuite, si le numéro qui lui a été cédé vient à être appelé, être admis à fournir un suppléant.

L'état des remplacemens opérés sera joint au procès-verbal de clôture.

TITRE VI.

Tableau de rang de taille, et Répartition entre les Corps.

89. Les généraux divisionnaires, ou les officiers généraux ou supérieurs désignés par eux pour être membres

des conseils de recrutement, sont chargés d'opérer la répartition du contingent entre les armes et les corps. Ils devront donner l'attention la plus sérieuse à cette opération, qui les concerne uniquement, et dont ils sont seuls responsables.

90. Leur travail ne pouvant être bon si le tableau par rang de taille pour tout le département n'est pas fait avec la plus grande exactitude, ils donneront d'avance aux capitaines de recrutement tous les ordres et instructions qu'ils jugeront convenables pour en assurer la confection. Ils veilleront aussi à ce que le tableau par rang de taille présente tous les renseignemens nécessaires sur la profession des conscrits.

Cette précaution aura le double avantage de les mettre en état de mieux faire la répartition des conscrits entre les corps, et de prévenir les omissions qu'on a remarquées jusqu'ici dans les contrôles de signalement des détachemens mis en route, relativement à la profession des recrues.

91. Ils s'astreindront avec une sévère impartialité à envoyer à chaque corps les hommes que leur taille désignera pour en faire partie.

92. Ils auront soin de ne donner aux chasseurs et aux hussards, aucun homme qui ait plus d'un mètre 651 millimètres (5 pieds 1 pouce); mais ils seront tous le plus rapprochés qu'il sera possible, de cette taille; aux dragons, aucun homme qui n'ait au moins la taille d'un mètre 624 millimètres; à l'artillerie de terre et de mer, aucun qui n'ait au moins un mètre 691 millimètres (5 pieds 3 pouces et demi); aux cuirassiers et carabiniers, aucun qui soit au-dessous d'un mètre 733 millimètres (5 pieds 4 pouces).

Le contingent des fusiliers de la garde sera composé de conscrits, moitié de la taille d'un mètre 678 millimètres, moitié de celle d'un mètre 733 millimètres.

93. Lorsque le contingent assigné aux corps d'élite, en hommes de taille, aura été complété, s'il reste des conscrits au-dessus d'un mètre 651 millimètres (5 pieds 1 pouce), ils seront répartis proportionnellement entre les autres corps, en observant toutefois de n'en envoyer aucun aux chasseurs ni aux hussards.

94. Tous les ouvriers en fer et en bois seront envoyés aux corps d'artillerie, de sapeurs et de mineurs, lorsqu'ils auront la taille requise pour y être admis.

Les selliers et maréchaux devront être envoyés aux régimens de troupes à cheval et au train d'artillerie.

95. L'ordre des numéros du tirage doit être religieusement suivi; nul ne pourra se permettre de l'intervertir, même sous le prétexte de compléter le contingent des hommes d'élite.

TITRE VII.

Départs. — Incorporation. — Complétement des contingens.

96. Les trois membres du conseil devront être toujours présens à la revue de départ, afin de prononcer de suite sur les conscrits qui se prétendront ou que l'on annoncera incapables de servir ou d'être mis en marche. Ils se feront accompagner, à cet effet, d'un ou de plusieurs officiers de santé et du capitaine de recrutement. Ils procéderont à cet examen conformément aux principes établis au titre V, et tiendront registre de leurs délibérations. Je crois devoir prévenir les conseils, que c'est ordinairement à l'époque de ces dernières revues, que les efforts les plus grands sont faits pour tromper leur religion.

97. Les officiers et sous-officiers de recrutement ne pourront, sous quelque prétexte que ce soit, accorder

aux conscrits une suspension de départ, même d'une journée. Ce droit appartient exclusivement au conseil. L'officier de recrutemeut qui se sera permis d'excéder ses pouvoirs, me sera dénoncé.

Tout conscrit porteur d'une permission accordée par les officiers de recrutement, en contravention à la disposition précédente, devra être arrêté par la gendarmerie.

98. Les conscrits voyageront par convois les plus forts possible.

99. Plusieurs préfets, jaloux d'exécuter l'article 83 du décret du 8 Fructidor, sont parvenus, à force de constance et de soins, à avoir, dans chaque gîte d'étape, un local commode et sain, dans lequel un détachement de quatre-vingts à cent hommes peut être logé et couché. Ils n'avaient cependant à leur disposition ni caserne, ni autre édifice public ; mais le sentiment de leur devoir, et le désir de prévenir la désertion, leur ont fait trouver le moyen d'atteindre le but desiré. Leur exemple sera sans doute imité par tous les départemens sont intéressés à ce que les conscrits puissent traverser l'Empire, logeant et vivant chaque jour en commun, puisqu'il n'y a pas de moyen plus efficace pour conserver leur santé et prévenir la désertion, dont l'effet immédiat est d'augmenter, pour les administrés, la charge des levées. La conscription est une dette dont la France entière est solidaire ; tout ce qu'un administrateur supérieur ou inférieur fait pour conserver un conscrit à l'état, allége la contribution de tous les Français.

Chaque préfet devra, en conséquence, faire connaître de nouveau, par un rapport particulier, quels sont, dans l'étendue de son département, les lieux de gîte où les détachemens peuvent être logés en commun, et ceux où il est absolument impossible de les réunir ; et pour ceux-ci, il voudra bien indiquer quels seraient les moyens de rendre la mesure praticable pour les levées subséquentes.

100. La plupart des officiers conducteurs des détachemens remplissent leur devoir avec un zèle qui mérite des éloges; plusieurs ont obtenu de l'avancement : je me suis, vu, à regret, obligé d'en punir un petit nombre. Les capitaines de recrutement leur feront connaître la ferme intention où je suis de sévir contre leur négligence, et de solliciter des récompenses pour leur bonne conduite.

101. Quelques officiers conducteurs ont été exemplairement punis pour s'être écartés des dispositions précises de ma circulaire du 9 Mai 1807, en se refusant aux appels que les maires des lieux de gîte sont chargés de faire des détachemens de conscrits : j'ai lieu de croire que les capitaines de recrutement leur donneront, cette année, des instructions assez précises pour qu'il ne me parvienne aucune plainte de la même nature.

103. L'exécution de la même circulaire a donné lieu à la question de savoir si les maires pouvaient faire ces appels dans les communes où il se trouve, soit un inspecteur ou sous-inspecteur aux revues, soit un commissaire des guerres. Mais il est aisé de voir qu'il n'y a rien de commun entre les fonctions de ces derniers et celles que ma circulaire attribue aux maires ou à leurs adjoints. Ceux-ci doivent établir par deux appels, l'un d'arrivée, l'autre de départ, qu'aucun conscrit n'a déserté pendant le séjour du détachement dans leur commune; ils doivent, en outre, recevoir les signalemens des déserteurs et les faire poursuivre sur-le-champ par la gendarmerie; enfin, ils sont chargés d'entendre les réclamations des conscrits, et de remplir à leur égard ces devoirs paternels qui prolongent pour eux, jusqu'au moment de leur incorporation, la douce influence de l'autorité civile. Or

il est évident que la revue de sous-inspecteurs ou des commissaires des guerres a un objet très-différent.

103. Les conducteurs des détachemens ne doivent, sous aucun prétexte, se soustraire à l'obligation qui leur est imposée, 1.° de remettre les signalemens des déserteurs, tant au maire de la première commune qui se trouvera sur leur route après la désertion, qu'au commandant de la première brigade de gendarmerie; 2.° d'en tirer des récépissés sur les contrôles mêmes des détachemens. Les officiers qui s'écarteront de ces dispositions, seront, pour la première fois, mis aux arrêts pendant huit jours au moins, par le capitaine de recrutement, qui m'en informera en me renvoyant le contrôle ; les sous-officiers seront mis pour huit jours en prison : en cas de récidive, la punition sera plus sévère.

104. Les conducteurs seront punis de la même manière, si, lorsqu'ils auront déposé un conscrit dans un hôpital, ils négligent de tirer de semblables récépissés de l'agent en chef de cet établissement.

105. Si un maire, un commandant de brigade ou un agent d'hôpital, refusent de donner le récépissé qui leur sera demandé, il en sera fait mention expresse sur le contrôle, et l'officier conducteur le certifiera.

106. Les contrôles destinés à m'être renvoyés, seront toujours signés par le préfet et le capitaine de recrutement, et originaux, c'est-à-dire, revêtus du récépissé du corps.

107. Les majors ou commandans des dépôts ne pourront, en aucun cas, retenir, même un seul jour, les contrôles destinés à m'être renvoyés.

108. Il est inutile de leur rappeler que, le jour même de l'incorporation, soit d'un détachement, soit d'un homme isolé, ils doivent m'adresser un état numérique qui me mette à portée de surveiller le prompt

recrutement

recrutement des corps, et l'arrivée des conscrits mis en route.

109. Je suis généralement satisfait de la régularité avec laquelle s'exécute le mode établi pour les comptes qui sont rendus relativement aux départs et aux incorporations : cependant, l'expérience ayant fait sentir la nécessité de former des contrôles distincts, pour les conscrits qui comptent en déduction de diverses levées, les capitaines de recrutement ne pourront, à l'avenir porter sur le même contrôle, des conscrits de différentes levées, c'est-à-dire, des conscrits qui ne comptent pas en déduction du même contingent.

Les préfets, les chefs de corps et les capitaines de recrutement veilleront à ce que cette disposition soit exactement suivie. Les modèles annexés à cette instruction sont d'ailleurs formés de manière à prévenir toute erreur.

110. Les capitaines de recrutement observeront littéralement les instructions que renferme ma circulaire du 10 Décembre 1807, sur les états récapitulatifs qu'ils sont tenus de m'adresser. Je n'ai pas besoin de recommander aux préfets, par qui ces états doivent être visés, de n'y apposer leur signature qu'après une exacte vérification.

111. Il est prescrit aux préfets et aux sous-préfets de tenir la main à ce que des affiches permanentes et renouvelées chaque samedi, au chef-lieu de chaque canton, à la porte de la municipalité, exposent toujours au public une liste comprenant la série non interrompue des numéros de tirage, jusques et compris le dernier numéro appelé.

Cette liste, en tête de laquelle sera indiqué le contingent du canton, présentera, dans une colonne d'émargement, vis-à-vis le nom de chaque conscrit, la situation dans laquelle il se trouve ; elle sera exprimée par une indication claire et précise : 1.º *n'ayant point*

paru à la revue de départ ; 2.º en route ; 3.º incor-
poré ; 4.º réformé ; 5.º déserteur en route ; 6.º con-
damné comme réfractaire ; 7.º pionnier, etc. Il sera
énoncé, en bas de la liste, que les conscrits en route
ou incorporés comptent seuls en déduction du contingent.

Les sous-préfets sont responsables de la stricte exécution de cette disposition importante, qui seule prévient
d'innombrables réclamations. Elle seule prouve au conscrit qui a obtenu le n.º 80, par exemple, dans un
canton dont le contingent est de soixante hommes,
que tous les numéros antérieurs au sien ont été appelés,
ou exceptés pour une cause légitime ; elle offre enfin
la plus sûre sauve-garde contre les ruses employées,
soit pour obtenir des réformes injustes, soit pour opérer
des substitutions frauduleuses.

Au surplus, les préfets joindront au procès-verbal
de clôture des séances extraordinaires des conseils de
recrutement, dont l'envoi doit m'être fait conformément à l'article 44, un tableau indiquant le jour où
la liste d'émargement aura été affichée dans chaque
canton, et ceux où l'affiche aura été renouvelée.

TITRE VIII.

Observations générales.

112. Les conscrits destinés à se rendre en Italie,
à l'exception de ceux de la huitième division militaire, passeront, comme pour les dernières levées, par
Chambéry. Ils seront inspectés dans cette ville par
un officier général chargé de cette opération, à qui
les capitaines de recrutement enverront, pour ces conscrits, un double des états numériques de départ qu'ils
auront à m'adresser.

113. Les officiers et sous-officiers de recrutement,

conducteurs des détachemens, seront renvoyés de Chambéry dans les départemens où ils sont employés : ils seront relevés par des officiers des corps auxquels les recrues sont destinées, et qui recevront les ordres nécessaires à cet effet. Cependant un des sous-officiers partis avec les conscrits devra toujours demeurer près du détachement, pour tenir le contrôle jusqu'à l'incorporation, et le rapporter au capitaine de recrutement.

114. Les officiers et sous-officiers, autres que ceux de recrutement, qui seront chargés de la conduite des détachemens, les escorteront jusqu'à la destination définitive.

115. Pour les départemens où la langue française n'est pas encore aussi familière qu'elle devrait l'être, il sera bon que les préfets fassent remettre à chaque conscrit, par les soins du capitaine de recrutement un billet portant en tête les nom, prénoms et surnom du conscrit, sa taille et son domicile. Ce billet indiquera aussi le corps pour lequel il est destiné, le lieu où il doit se rendre, et la route qu'il doit suivre. Ce billet, signé du capitaine, que le conscrit devra garder avec soin, pourra lui être extrêmement utile, s'il est forcé par des maladies à quitter momentanément son détachement.

116. Les conscrits de réserve ne peuvent, avant leur appel, passer sous les drapeaux qu'en faisant la déclaration prescrite par les circulaires des 8 germinal an 11, 12 Nivose an 12 et 26 Nivose an 13. Ils n'ont pas le droit de faire admettre un suppléant quand ils ont fait cette déclaration ; mais ils sont comptés en déduction de la réserve lorsque celle-ci est appelée.

117. Un conscrit mis en route, qui meurt avant d'arriver aux drapeaux, doit, conformément au der-

nier paragraphe de l'article 30 du décret du 8 Fructidor, être remplacé par son département.

118. On a quelquefois différé de déclarer réfractaires des individus qui ne s'étaient pas présentés soit aux appels, soit aux revues de départ, parce qu'ils étaient en pays étranger; j'ai dû improuver ces délais. Ceux qui sortent du territoire de l'Empire, même avec une autorisation légale, connaissent les obligations auxquelles la loi les soumet, lorsqu'ils sont, par leur âge, susceptibles d'être appelés; ils ne peuvent donc se dispenser de les remplir. S'il leur est impossible de paraître devant le conseil de recrutement, leurs parens doivent les y représenter, et, si le sort les désigne, les faire remplacer ou rejoindre. Les conscrits dans ce cas, pour qui il n'aura pas été admis de suppléans, ou qui n'auront pas rejoint, seront, sans exception, déclarés réfractaires. Cette mesure sévère, mais juste, fera sentir aux conscrits et à leurs familles que l'on ne peut, par aucun moyen, se soustraire à la loi de la conscription, et qu'elle atteint tous les Français, à quelque distance qu'ils se trouvent.

119. Les conscrits réformés qui, dans la vue de fruster le trésor public d'une partie ou de la totalité de l'indemnité dont ils sont passibles, fourniront des extraits faux ou inexacts de leurs contributions et de celles de leurs père et mère, seront considérés comme n'ayant pas fourni l'extrait de leurs contributions, et taxés en conséquence au *maximun* de 1200 francs.

Si quelque circonstance atténuante donne lieu à une modération, elle pourra ensuite m'être proposée; mais, dans tous les cas, l'indemnité sera au moins double de ce qu'elle eût été, de manière toutefois à ce que la somme de 1200 francs ne soit pas excédée.

Ces dispositions sont indépendantes des poursuites à exercer, s'il a lieu, pour crime de faux.

120. Il est interdit aux officiers de santé employés par les conseils, d'exiger ou même de recevoir des conscrits ou de leurs parens la moindre rétribution pour cet objet. Il est recommandé aux préfets de veiller à ce qu'on ne fasse rien payer aux conscrits pour l'expédition des feuilles de réforme : en un mot, il ne pourra, en aucun cas, être exigé d'un conscrit ou de sa famille la somme même la plus légère pour frais quelconques. Toute demande de fonds, même sous prétexte de recouvrement de sommes avancées, est une exaction, qui devra m'être dénoncée dès qu'elle aura été découverte, et à la poursuite de laquelle je m'attacherai sur-le-champ.

121. Il a existé dans plusieurs départemens, des agences, bureaux ou associations, qui s'immisçaient directement ou indirectement, soit dans la réforme, soit dans le remplacement des conscrits. Ces établissemens ont été supprimés par-tout où ils ont été découverts, comme étant ou pouvant devenir des foyers d'intrigues et de spéculations illicites. S'il en subsiste encore d'anciens, ou s'il s'en forme de nouveaux, les préfets devront non-seulement ne les pas tolérer un instant, mais même faire poursuivre, pour cause d'escroquerie, tout individu qui en serait membre, ou qui y aurait un intérêt. Les poursuites les plus actives devront enfin être dirigées contre toute personne ou toute réunion de personnes qui se sera placée comme intermédiaire entre les conscrits et le conseil de recrutement, ou entre les conscrits et les remplaçans.

122. Il s'est souvent opéré des substitutions frauduleuses de personnes, soit devant les sous-préfets, soit devant les conseils de recrutement, soit aux revues de départ, soit même pendant la route. Ce délit, source de réformes au corps et même dans les dépar-

temens, peut être prévenu par les soins des maires, des sous-préfets et des préfets, et par l'attention des officiers de recrutement, lors de la confection des signalemens.

Si, malgré ces soins réunis, il se fait encore des substitutions frauduleuses, les préfets devront en poursuivre les auteurs, fauteurs et complices, avec une inflexible sévérité ; les préfets me feront connaître non-seulement les individus qui s'en seront rendus coupables, mais même les fonctionnaires civils et militaires qui auront été de connivence, afin qu'il puissent être denoncés aux tribunaux, comme auteurs, fauteurs ou complices du crime de faux.

En outre, les conscrits à la place de qui un autre individu aura ainsi été substitué, seront considérés comme n'ayant pas répondu aux appels, arrêtés, déclarés réfractaires. Les poursuites pour l'amende qu'ils auront encourue, seront faites avec la plus grande rigueur contre leurs père et mère.

123. J'avais annoncé, lors de la levée de 1808, que l'intrigue qui cherche à environner les autorités chargées de concourir aux levées, serait poursuivie avec plus d'activité que jamais ; que l'œil de la police serait continuellement ouvert; que les tribunaux, déjà armés de toute la sévérité des lois, redoubleraient, s'il était possible, de zèle et d'ardeur; et que le concours de tant de volontés réaliserait le vœu formé par Sa Majesté, de voir les abus déracinés, ou les coupables voués à l'ignominie.

Ce but a été presque atteint ; le nombre et la rigueur des jugemens portés contre les fripons, les escrocs et les entremetteurs, ont porté la terreur dans l'ame de ces êtres vils, qui considéraient la conscription comme une proie annuelle, et spéculaient audacieusement sur la crédulité des conscrits et de leurs familles.

Que la vigilance des autorités ne se ralentisse point ! Les délits sont devenus plus rares ; mais la trève la plus courte les aurait bientôt multipliés de nouveau.

Quant à moi, je ne cesserai jamais de surveiller les faibles, de poursuivre les coupables, de tourner contre eux toute l'activité de la police, toute la sévérité des magistrats, et d'appeler sur ceux qui m'auront puissamment secondé, les récompenses que Sa Majesté aime à distribuer à ceux qui remplissent leurs devoirs avec zèle et courage.

Le Ministre d'Etat Directeur général des revues et de la conscription militaire,

J. G. LACUÉE.

SÉRIE *des Listes et États que les Préfets, les Chefs de corps et les Capitaines de recrutement, devront envoyer au Ministre d'Etat Directeur général des Revues et de la Conscription militaire, pour lui rendre compte des opérations relatives à la levée de 1808, de ses progrès et de ses résultats.*

1.º Procès-verbal de clôture des séances ordinaires du conseil de recrutement. (*Le modèle de ce procès-verbal est ci-joint et coté* A.)

Ce procès-verbal, accompagné de huit listes ou états, numérotés depuis 1 jusqu'à 8, doit être envoyé par les préfets avant le 1.er Juin.

2.º Procès-verbal de clôture des séances extraordinaires du conseil de recrutement. (*Modèle coté* B.)

Les préfets transmettront ce procès-verbal, avec les listes dont il doit être accompagné, dans le délai d'un mois, après que le Ministre d'Etat Directeur général aura fait connaître que le contingent total de chaque département a été complétement incorporé.

3.º État indicatif des différens lieux d'étape où se trouvent des emplacemens propres à loger en commun les conscrits envoyés à l'armée, et de ceux où il n'en existe point. (*Modèle coté* C.)

Les préfets sont priés d'adresser cet état dans le plus bref délai possible.

4.º Liste nominative des conscrits désignés pour l'armée active, que le conseil aura reconnu ne pouvoir être mis de suite en route. et qu'il aura envoyés à l'hôpital militaire du chef-lieu de la division. (*Modèle coté* B.)

Les capitaines de recrutement enverront cet état dans les trois jours qui suivront la séance de clôture des séances ordinaires. Le 1.er de chaque mois , et jusqu'à ce que tous les conscrits soient sortis de l'hôpital , ils transmettront de nouvelles expéditions du même état, où seront inscrites les mutations survenues pendant le mois.

5.º Etat destiné à faire connaître le départ des conscrits. (*Modèle coté* E.)

Les capitaines enverront ces états à mesure que les conscrits seront mis en route.

6.º Etat destiné à faire connaître l'incorporation des conscrits. (*Modèle coté* F.)

L'état numérique d'incorporation devra être envoyé , par les chefs de corps , au moment où les conscrits seront admis sous les drapeaux.

7.º Etat récapitulatif des départs et des arrivées.

Douze feuilles en blanc de l'état récapitulatif pour la levée de 1809, ont été envoyées, le 10 Décembre dernier, aux capitaines de recrutement, par le Ministre d'Etat Directeur général : dans les dix premiers jours de chaque mois, les capitaines de recrutement renverront, remplie, une de ces feuilles.

8.º Contrôle des conscrits mis en route. (*Modèle coté* G.)

Quelques changemens ont été faits aux contrôles, afin de les rendre plus simples. Les capitaines réuniront tous ceux qui leur seront, dans le cours de chaque mois, renvoyés par les corps, revêtus du récépissé du major ou de l'officier qui le remplace, et les joindront à l'état récapitulatif.

9.º Table alphabétique des contrôles. (*Modèle coté* H.)

Cette table sera envoyée par les capitaines de recrutement, dans les dix jours qui suivront l'avis que leur aura donné le Ministre d'Etat Directeur général, pour que ces officiers cessent de lui envoyer l'état récapitulatif.

10.º Etat des conscrits congédiés gratuitement. (*Modèle coté* J.)

11.º Etat de ceux qui auront été congédiés à la charge de payer une indemnité. (*Modèle coté* K.)

Ces deux états seront adressés par les préfets.

12.º Tableau général des conscrits de la classe, avec émargement, et Table alphabétique. (*Modèle coté* L.)

Ce tableau sera transmis en même temps que le procès-verbal de clôture des séances extraordinaires du conseil de recrutement.

Suivent les Modèles.

DÉPARTEMENT

d

LEVÉE DE 1809.

PROCÈS-VERBAL

De Clôture des Séances ordinaires du Conseil de Recrutement, du 30 Avril 1808.

PROCÈS-VERBAL

De Clôture des Séanees ordinaires du Conseil de Recrutement , du 30 Avril 1808.

Le Conseil de Recrutement, assemblé en exécution des art. 2 et 36 de l'Instruction de S. E. le Ministre d'état Directeur général des Revues et de la Conscription militaire,

composé de N.   Préfet ;

  de N.   Général ou Officier supérieur (*dési-gner le grade et l'arme*) commandant le département, ou Officier (*désig. le grade et l'arme*) nommé par le Général divisionnaire pour remplacer le Commandant du département,

 et de N.   Major du   régiment d

conformément à l'article 25 du décret du 8 Fructidor

Présens N.

  N.

Vu les procès-verbaux des séances publiques qu'il a tenues le

 à   (Chef-lieu d'arrondissement ou de canton) ;

Présens N.   Sous-préfet ;

  N.   Capitaine de recrutement ;

  N.   Officier de gendarmerie (*désigner le grade*) ;

  N.   Docteur en médec. ou en chirurgie ;

Le   à   Chef-lieu , etc.

 Présens N.   etc.

Le   à   etc.

A dressé les Comptes suivans sur le nombre des Conscsits de la classe de 1809, sur leur destination , et sur les opérations qu'il a trouvées irrégulières et qu'il a rectifiées.

1.° COMPTE GÉNÉRAL et SOMMAIRE sur les Conscrits de 1809 et des classes antérieures, portés sur le Tableau général de 1809.

1.	2.	3–5. TOTAL général des Conscrits de 1809 ou portés sur le Tabl. gén. de 1809,			6.	7–13. ...tes d'activité de 1809, c'est-à-dire, ne devant pas concourir à la formation du contingent levé sur 1809, comme						
		appartenant par leur âge		5.	CONSCRITS retiré[s]	7.	8.	RÉFORMÉS			12.	13.
ARRONDISSEM.	CANTON.	3. à la classe de 1809.	4. à des classes antérieures.	TOTAL. A.	se trouvant dans l'un des cas d'exception.	à la ...sition du ...ernement s'être ...taire...ent ...us ...ables ...ir.	ajournés à la plus prochaine levée.	9. pour défaut de taille.	10. pour difformités évidentes.	11. pour infirmités.	TOTAL.	TOTAL des Conscrits retirés des listes d'activité. B.
					Cette colonne comprend tous les cas d'exception. *(Voir le Mod. faisant suite à ce procès-verb. sous le N.° 2.)* Il en est de même des autres colonn. sous le titre desq. sont aussi compris plusieurs cas analogues.							
TOTAUX												

des classes antérieures, portés sur le Tableau général [de] 1809.

14–17. CONSCRITS maintenus sur les listes d'activité de 1809, divisés en				18–20.			21–26. MÊME[S] ...SCRITS maintenus sur les listes d'activité de 1809, divisé en					
14.	15.	16.	17.	CONSCRITS marchant pour les contingens d'activité et de réserve;		20.	...SCRITS susceptibles de marcher; mais			CONSCRITS qui, par suite des désignations, ou de l'application de l'art. 18 du Décret du 8 février an 13, n'ont pas été compris dans les contingens, et formant le dépôt;		26.
contingent de l'armée active.	réserve.	dépôt.	TOTAL des Conscrits maintenus sur les listes d'activité. C.	18. Déclarés premiers à marcher.	19. Compris dans les contingens comme désignés par le sort.	ouvriers des manufactures d'armes, comptant pour le contingent de la réserve, mais ne devant pas marcher.	21. ...rnés au ...vembre 808, ...aspirans ...école ...chnique, ou des écoles ...inaires de ...d'Alfort.	22. envoyés à l'hôpital du chef-lieu de la division, comme prévenus de s'être donné une maladie *susceptible de guérison*.	23. détenus lors de la séance de clôture.	24. placés à la fin du dépôt. D.	25. restant du dépôt.	TOTAL des Conscrits maintenus sur les listes d'activité. C.
				Tous les premiers à marcher, quel que soit le motif qui les a fait déclarer tels, sont compris sous le titre de cette colon.								

1.° Le total porté dans la colonne B, et celui qui se trouvera inscrit dans la colonne C [doivent] égaler entre eux le total que présentera la colonne A.

2.° Les totaux portés dans les deux colonnes où se trouve la lettre C, doivent être le[s mêmes ... ou] Conscrits d'une des classes précédentes trop récemment partis pour qu'on ait pu

3.° Les Conscrits qui réclameront la faveur du dépôt comme frères de Conscrits de 1809 [...ro]nt dans le procès-verbal de clôture des séances extraordinaires.
procurer des certificats de présence, ne seront pas compris dans la colonne D; mais il[s ...]

LISTE des Conscrits des classes portés au Tableau gé- néral de 1809 . . . . . *Accompagnée de pièces justifi.* (Mod. n.° 1.)

LISTE des Conscrits exceptés comme.. {
Attachés au différens cul- tes . . . .
Inscrits pour le service de la marine . . . .
Faisant déjà partie des ar- mées de terre . . . . .
Élève de l'école polytech- nique, de l'école spé- ciale militaire, de celle des trompettes, et de celle des jeunes de lan- gues . . . .
Ayant obtenu les grands prix . . . .
} *Idem* . . . . (Mod. n.° 2.)

LISTE des Conscrits mis à la dis- position du Gouverne- ment, pour s'être vo- lontairement rendus in- capables de servir. . . . . (Mod. n.° 3.)

LISTE des Conscrits ajournés { à la plus prochaine levée. au 1.er Novembre 1808. } *Accompagnée de pièces justif.* (Mod. n.° 4.)

LISTE des Conscrits qui ont été admis à jouir de la fa- culté des substitutions. . . . . (Mod. n.° 5.)

LISTE des Conscrits qui ont été admis à se faire rem- placer . . . . (Mod. n.° 6.)

LISTE des Conscrits placés de droit à la fin du dépôt. *Accompagnée de pièces justif.* (Mod. n.° 7.)

LISTE des Conscrits sur lesquels le Major aura fait des observations consignées dans les procès - ver- baux (*). . . . . (Mod. n.° 8).

(*) Les individus portés sur la liste n.° 8, pourront se retrouver sur d'autres listes.

Il ne sera point dressé de listes des Réformés et des Ouvriers des manufactures d'armes ; elles sont séparément formées en vertu d'ordres particuliers.

Le résultat numérique présenté dans le Compte de l'autre part, suffit pour les premiers à marcher et pour les détenus qui d'ailleurs, figureront dans le procès-verbal de clôture des séances extraordinaires.

La liste des Conscrits envoyés à l'hôpital du chef-lieu de la Division militaire, sera trans- mise par le Capitaine de recrutement.

2.° *COMPTE PARTICULIER sur les Opérations irrégulières remarquées et rectifiées par le Conseil de recrutement.*

ARRONDISS.	CANTON.	INDICATION de l'opérat.n trouvée irrégulière.	RECTIFICAT.ons ordonnées par le Conseil.	AVIS DU CONSEIL sur les causes des irrégularités, et les moyens de les prévenir *.
				* L'obligation du Conseil est de consigner dans cette colonne son avis positif sur les causes d'irrégular. étrangères à l'administration, et sur celles qui pourraient être attribuées à l'autorité locale.

Le Conseil de recrutement certifie, sous la responsabilité personnelle de chacun de ses membres, l'exactitude des comptes que renferme le présent procès-verbal de clôture.

Fait en séance, le   *à*

Le Préfet, président,

L'Officier général ou supérieur commandant le département, ou pour le Commandant le département, le

       Le Major d

Nota. Les huit listes, au lieu d'être détachées, devront être attachées ou reliées avec le procès-verbal de clôture ; il sera nécessaire que les préfets joignent à cette collection, pour la terminer, le bordereau des ordres généraux imprimés ou manuscrits qu'ils auront donnés sur la levée de 1809, et dont ils transmettront un exemplaire au Ministre d'état Directeur général.

DÉPARTEMENT
d
LEVÉE DE 1809.

MODÈLE N.° 1.

LISTE nominative des Conscrits des Classes antérieures, portés sur le Tableau général de 1809.

ARRON-DISSEM.	CANTON.	NOMS des CONSCRITS.	LEURS PRÉNOMS.	NUMÉROS qu'ils occupent au Tableau général des Conscrits de 1809.	qui avaient été ajournés à 1809 par le Conseil de recrutem.	qui avaient été indûment placés à la fin du Dépôt, ou qui n'avaient pas fourni les pièces exigées pour constater leurs droits à cette faveur.	qui avaient été indûment considérés comme *enrôlés volontairement* ou comme *inscrits maritimes,* lors du tirage de leur classe, et qui ont été reconnus ne l'être pas postérieurement au complétem. de tous les contingens assignés à leur Canton.	CONSCRITS qui sont sortis des Écoles spéciale mil. et des trompettes, sans avoir été placés par le Gouvernem.	sortis, sans destination, de l'Ecole polytechnique et de celle des Jeunes de langue, Séminaristes et Officiers de santé remis à la disposition du département de la guerre.	OMIS SUR LES LISTES de leurs classes. et qui, ayant cherché à échapper à la Conscription, ont été déclarés premiers à marcher.	et admis à concourir au tirage.	NUMÉROS qu'ont eus, lors du tirage, les Conscrits qui ont été adm's à y concourir, et que ceux des six autres ca... prévus ont comme premiers à marcher.	PIÈCES produites par les Conscrits admis au tirage, et annexées à la présente liste.	OBSERVATIONS.

Le chiffre 1, placé dans l'une de ces sept colon., suffira pour indiquer la position de chaq. Consc.

Certificat du Maire, visé du Sous-préfet, constat. que le Conscrit n'a pu connaître ses obligations, ou que l'omission de son nom est le résultat d'une erreur indépendante de sa volonté.

RÉCAPITULATION.

Conscrits qui avaient été ajournés à 1809. . . . .
————— Indûment placés à la fin du dépôt. . . . .
————— Indûment considérés comme enrôlés volontaires ou inscrits maritimes.
————— Sortis des Écoles spéciale militaire et des Trompettes . . . .
————— *Idem* de l'Ecole polytechnique et de celle des Jeunes de langues,
Séminaristes, Officiers de santé rendus à la Conscription . . . .
————— Omis sur les listes et déclarés premiers à marcher . . . .
—————*Idem* et admis au tirage . . . .

TOTAUX. . . . .

TOTAL GÉNÉRAL. . . . .

INDICATION DES CLASSES AUXQUELLES APPARTIENNENT LES CONSCRITS.				
AN	AN	1806.	1807.	1808.

38

DÉPARTEMENT

d

Conscrits de 1809 et des années antérieures portés au Tableau général de 1809.

LISTE nominative des Conscrits exceptés.

ARRON-DISSEM.	CANTON.	NOMS des CONSCRITS.	LEURS PRÉNOMS.	NUMÉROS qu'ils occupent au Tableau général de la classe	NUMÉROS qu'ils ont eus lors du tirage.	MOTIFS POUR LESQUELS ILS ONT ÉTÉ EXCEPTÉS.					INDICATION DES PIÈCES annexées à la présente Liste.	OBSERVATIONS.
						Attachés aux différens cultes. — Culte auquel ils sont attachés, et en quelle qualité.	Inscrits pour le service de la marine. — Qualité sous laquelle ils sont inscrits et date de leur inscription.	Au service des armées de terre et de mer ayant les désignations — Corps dans lequel ils servent, et date de leur admiss.^{n} dans ce corps.	Ayant remporté les grands prix. — Indication du prix remporté.	Élèves des écoles polytechnique, spéciale militair., des trompettes, et des jeunes de langues. — École dans laquelle ils font leurs études.		

Les officiers de santé commissionnés par S. Ex. le Ministre Directeur de l'administration de la guerre sont compris dans cette colonne.

Ces pièces doivent être :
1.° *Pour les conscrits attachés au service des cultes,*
La copie de la notification officielle du décret de S. M. en faveur desdits conscrits, faite par le Ministre des cultes ou par le Ministre d'état directeur général ;
2.° *Pour les inscrits maritimes,*
Le certificat signé du commissaire ou sous-commissaire de marine du quartier dans lequel l'inscription a eu lieu ;
3.° *Pour les individus ou service des armées de terre et de mer,*
Le certificat de présence conforme au modèle joint à la circulaire du 7 Avril 1807, et signé des conseils d'administration ;
4.° *Pour les officiers de santé,*
La copie de la commission accordée par S. Exc. le Ministre Directeur de l'administration de la guerre ; cette copie sera certifiée conforme par un sous-inspecteur aux revues ou un commissaire des guerres ;
5.° *Pour les conscrits ayant eu les grands prix,*
Le certificats du Ministre de l'intérieur ;
6.° *Pour les élèves des écoles polytechnique, spéciale militaire et des trompettes,*
Le certificat de présence signé du conseil d'administration de l'école ;
7.° *Pour les jeunes de langues,*
Le certificat du Ministre des relations extérieures.

Un extrait de cette Liste, pour les inscrits maritimes, devra être adressé par les préfets, au Ministre de la marine.

RÉCAPITULATION.

Conscrits attachés au service des cultes. . . . .
inscrits pour la marine . . . .
au service des armées avant les désignations
ayant remporté les grands prix . . . .
élèves des écoles . . . .

TOTAL. . . . .

Nota. Les Préfets sont spécialement chargés de veiller à ce qu'il ne soit porté sur la présente liste, que des Conscrits ayant produit les pièces exigées.

d

Conscrits de 1809 et des années antérieures portés sur le tableau général de 1809.

LISTE NOMINATIVE des Conscrits ajournés.

ARRONDISSEMENT.	CANTON.	NOMS DES CONSCRITS.	LEURS PRÉNOMS.	NUMÉROS		CONSCRITS AJOURNÉS				PIÈCES	MALADIES	OBSERVATIONS.
				qu'ils occupent au tableau général des Conscrits de la classe.	qu'ils ont eus lors du tirage.	au 1.er novembre 1809;		à la plus prochaine levée.		produites par les Aspirans à l'école polytechnique, et les élèves des écoles vétérinaires de Lyon et d'Alfort.	qui ont empêché de partir les Conscrits ajournés à la plus prochaine levée.	
						Comme Aspirans à l'école politechnique.	Élèves des écoles vétérinaires de Lyon et d'Alfort.	qui, pour raison de santé, n'ont pu être mis en route avant la séance de clôture,	qui se sont donné ou ont entretenu une maladie non susceptible de guérison, et qui n'a pas permis de les mettre en route.			
										Pour les Aspirans, Certificat d'un professeur d'un lycée ou de tout autre établissement autorisé. (Voir l'art. 52 de l'Instruction.) *Pour les élèves des écoles vétérinaires,* Certificat du conseil d'administration de l'école.		

Il suffira de placer le chiffre 1 dans l'une de ces quatre colonnes, pour indiquer la position de chaque conscrit.

Nota. Les Préfets sont spécialement chargés de veiller à ce qu'aucun conscrit que son numéro ne mettrait pas dans le cas de marcher, ne soit porté sur la liste des ajournés.

RÉCAPITULATION

Aspirans à l'école polytechnique. . . . .
Élèves des écoles vétérinaires . . . .

Conscrits qui, pour raison de santé, n'ont pu être mis en route . . . . .
Conscrits qui se sont donné ou ont entretenu des maladies. . . . .

TOTAL. . . . .

LISTE *nominative des Conscrits mis à la disposition du Gouvernement.*

CONSCRITS de 1809 et des années antérieures portés sur le tableau gén. de 1809.

ARRONDISSE-MENT.	CANTON.	NOMS des CONSCRITS.	LEURS PRÉNOMS.	NUMÉROS qu'ils occupent au Tableau de conscrip-tion de la classe	NUMÉROS qu'ils ont eus lors du tirage.	INDICATION DES MOTIFS pour lesquels ils ont été mis à la dis-position du Gouvernement.	SERVICE auquel le Conseil de recru-tement les croit propres.	OBSERVATIONS.
								Cet État ne doit être accompagné d'aucune pièce. Il est sans doute inu-tile de rappeler aux Préfets, que les Cons-crits mis à la disposi-tion du Gouvernement ne comptent pas pour les contingens.

DÉPARTEMENT
d

CONSCRITS de 1809 et des années antérieures portés sur le tableau gén. de 1809.

MODÈLE N.° 5.

LISTE nominative des Conscrits que le Conseil de recrutement a admis à jouir de la faculté des Substitutions.

ARRON-DISSE-MENT.	CANTON.	NOMS DES CONSCRITS qui ont changé leur numero contre un numéro plus élevé, c'est-à-dire plus avantageux.	LEURS PRÉ-NOMS.	NUMÉROS qu'ils occupent au tableau général des Conscrits de 1809.	qu'ils ont eux au tirage.	NOMS DES CONSCRITS qui ont échange leur numéro contre celui des Conscrits portés dans les précédentes colonnes.	LEURS PRÉ-NOMS.	NUMÉROS qu'ils occupent au tableau général des Conscrits de 1809.	qu'ils ont eux au tirage.	CORPS sur lesquels ces derniers Conscrits ont été dirigés.	NUMÉRO indicatif du Contrôle sur lequel ces Conscrits ont été portés.	OBSERVATIONS.

DÉPARTEMENT
d____

CONSCRITS de 1809 et des classes antérieures portés sur le tableau général de 1809.

LISTE nominative des Conscrits placés de droit à la fin du dépôt.

ARRONDISSE-MENT.	CANTON.	NOMS des CONSCRITS.	PRÉNOMS.	NUMÉROS qu'ils occupent au tableau de conscription de la classe.	NUMÉROS qu'ils ont eus lors du tirage.	MOTIFS pour lesquels ils ont été placés à la fin du Dépôt.				INDICATION DES PIÈCES annexées à la présente Liste.	OBSERVATIONS.
						ayant un frère en activité de service comme conscrit.	enfant unique d'une veuve.	aîné d'enfans orphelins de père et de mère.	dont le père, vivant du travail de ses mains, a 71 ans révolus.		

Ces pièces seront, pour le 1.er cas,

Un certificat des conseils d'administrat. des corps, constatant la présence actuelle des conscrits sous les drapeaux, ou qu'ils sont morts en activité de service,

Et un certificat du maire visé du sous-préfet, constatant, 1.° que ces conscrits ont été appelés pour faire partie du contingent; 2.° qu'ils sont frères des conscrits de 1809 placés au dépôt; 3.° que ces derniers n'ont pas de frères déjà placés au dépôt. Le même certificat devra indiquer les nom et prénoms du conscrit sous les drapeaux, et de celui qui est placé au dépôt.

Pour les 2.e, 3.e et 4.e cas,

Un certificat du maire, visé de trois témoins pères de famille : ce certificat devra énoncer, 1.° pour les enfans de veuve, que celle-ci n'a point d'autre fils ou fille; 2.° pour les aînés d'orphelins, le nombre de ces orphelins; 3.° pour les fils de vieillard de 71 ans, la date de la naissance du père. En aucun cas, on ne recevra le témoignage de pères de famille ne sachant signer.

Les Conseils ne comprendront sur cette liste aucun conscrit qui n'ait fourni les pièces exigées. Ils n'y comprendront également pas les conscrits qui réclameraient la faveur du dépôt comme frères de conscrits de 1809 partis, ou de conscrits d'autres classes partis trop récemment pour que le certificat de présence ait pu être fourni. Ces jeunes gens figureront dans les listes annexées au procès-verbal de clôture des séances extraordinaires.

RÉCAPITULATION.

CONSCRITS
Frères de conscrits sous les drapeaux...
Enfans uniques de veuve...........
Aînés d'orphelins...............
Fils de vieillard de 71 ans........

TOTAL.........

LISTE nominative des Conscrits qui ont été

CONSCRITS de 1809, et des classes antérieures portés sur le tableau général de 1809.

1.	2.	3.	4.	5.	6.	7.	8.
NUMÉROS D'ORDRE.	NOMS des CONSCRITS.	PRÉNOMS	DOMICILE.	NUMÉROS qu'ils occupent sur le tableau général de la classe.	NUMÉROS qu'ils ont eus lors du tirage.	INDICATION de LA CAISSE dans laquelle les 100 fr. ont été versés, et date du versement.	NOMS des REMPLAÇANS
1.	LEGRAND....	P.-Franç..	(*) Baron.... Nantheuil. Senlis.....	400	34.	Caisse du Recev. particul. de l'arrondis. de Senlis. — 24 Févr. 1807.	DUBOIS ...

admis par le Conseil de Recrutem. à fournir des Remplaçans.

9.	10.	11.	12.	13.	14.	15.
PRÉNOMS.	DOMICILE.	CLASSE de conscription à laquelle ils appartiennent.	LEUR TAILLE.	CANTON dans lequel ils ont concouru.	INDICATION DU CORPS sur lequel les Remplaçans ont été dirigés.	OBSERVATIONS.
Ch.-Adrien.	(*) Lingueville. Liancourt... Clermont..	13.	mèt. mill. 1 700	Clermont...	2.e Régiment d'infanterie de ligne.	(*) On portera sur la première ligne le nom de la commune ; sur la 2.e ligne, celui du canton ; sur la 3.e ligne, celui de l'arrondissement.

MODÈLE N.º 8.

DÉPARTEMENT

d

CONSCRITS de 1809 et des années antérieures portés sur le tableau général de 1809.

LISTE NOMINATIVE des Conscrits qui ont donné lieu aux Observations du Major, consignées dans les procès-verbaux du Conseil de recrutem.

ARRONDISSE-MENT.	CANTON.	NOMS des CONSCRITS.	NUMÉROS qu'ils occupent sur le tableau général de la classe.	NUMÉROS qu'ils ont eus lors du tirage.	OBSERVATIONS DU MAJOR.	OPINIONS des autres Membres du Conseil.	OBSERVATIONS.

Modèle coté *C.*

Nota. Le Modèle coté B est
à la fin de cette collection.

DÉPARTEMENT

d

*ÉTAT INDICATIF des différens lieux d'Etape
où se trouvent des emplacemens propres à
loger en commun les Conscrits envoyés à
l'armée, et de ceux où il n'en existe point.*

LIEUX D'ÉTAPE.	ROUTE sur laq. se trouvent les lieux d'étape.	QUELS emplacemens y sont destinés au logement d s conscrits. Combien de conscrits peuvent y être logés en commun, et moyens existans de loger un plus grand nombre d'hommes.	OBSERVATIONS.
	Pour indiquer cette route, il suffira de désigner les deux premiers chefs-lieux de département où elle conduit par ses deux directions.	Si quelques lieux d'étape n'ont point encore d'emplacement préparé, MM. les préfets indiqueront les moyens d'y faire log. en commun au moins deux cents hommes.	

d

CONSCRITS de 1809 et des classes antérieures portés sur le tableau général de 1809.

LISTE *nominative des Conscrits désignés pour l'Armée active, que le Conseil de Recrutement a reconnu ne pouvoir être mis de suite en route, et qu'il a envoyés à l'hôpital militaire du Chef-lieu de la Division militaire.*

ARRON-DISSEMENT.	CANTON.	NOMS des CONSCRITS.	LEURS PRÉNOMS.	NUMÉROS qu'ils occupent au tableau général de la classe.	NUMÉROS qu'ils ont eus lors du tirage.	CAUSES pour lesquelles ils n'ont pu être mis en route.	INDICATION du jour où ils sont entrés à l'hôpital du chef-lieu de la division militaire.	CORPS auxquels ils sont destinés.	DATE de l'envoi du contrôle de ces Conscrits aux corps auxquels ils sont destinés.	MUTATIONS.
										Les capitaines de recrutement indiqueront dans cette colonne la date de la sortie de l'hôpital ; si les Conscrits en sortent pour suivre leur destination ; ou s'ils sont ajournés à la plus prochaine levée, comme trop malades pour ne partir que de long-temps ; s'ils y meurent ; s'ils s'en évadent. Ce n'est que lorsque les Conscrits sortiront de l'hôpital pour suivre leur destination, que les Capitaines les comprendront dans les états de départ.

Nota. Cet état sera transmis au Ministre d'état Directeur général, le 1.er de chaque mois, jusqu'à ce que tous les Conscrits soient sortis de l'hôpital. Il comprendra toujours la totalité de ces jeunes gens.

d

CONSCRITS de 1809.
Appel ordonné par le décret
du . . . . (*)

ÉTAT NUMÉRIQUE D'ARRIVÉE.

1.	2.	3.	4.		5.	6.	7.	8.	9.	10.		11.	12.	13.	14.	15.
DÉPARTEMENT d'où proviennent les Conscrits.	NOMBRE DES HOMMES PARTIS.							NOMBRE DES HOM								
	Conscrits.	Suppléans.	Conscrits rentrés, qui, sur les précédens Etats et sur les Contrôles, ont été portés comme		TOTAL.	Conscrits.	ARRIVÉS AU CORPS.				TOTAL.	Conscrit.	DÉSERTEURS EN ROUTE.			
			Déserteurs en route.	*absens* pour cause légitime.				Suppléans.	Notés sur les précédens Etats comme				Suppléans.	Notés sur les précédens Etats comme		
									déserteurs en route.	absens.				Déserteur. en route.	Absens.	

16.	17.	18.	19.		20.	21.	22.	23.	24.	25.
MES	ABSENS POUR CAUSE LÉGITIME.						JOUR où le détachem.t est parti du départem.t	DATE de son incorporation.	NOM de l'Officier ou Sous-officier conducteur du détachement, son grade, et corps dont il fait partie.	OBSERVATIONS.
TOTAL.	Conscrits.	Suppléans.	Notés sur les précédens Etats comme		TOTAL.					
			Déserteurs en route.	Absens.						

(*) Il sera facile aux Chefs de corps de remplir cet état pour chaque
[dét]achement, et même pour chaque homme isolé ; il leur suffira de
[dép]ouiller les contrôles qui leur seront remis par les Officiers conduc-
[teu]rs, ou envoyés par les Capitaines de recrutement, pour éviter toute
[esp]èce d'erreurs relativement à la différence des levées et des appels.

LEVÉE de 1809.
Appel ordonné par le décr.
du

ÉTAT NUMÉRIQUE de Départ.

CORPS auxquels les Conscrits sont assignés.	NOMBRE DES HOMMES PARTIS.				TOTAL.	DATES		NOM DE L'OFFICIER ou Sous-officier commandant l'escorte de chaque détachement, et indication de son grade et du corps dont il fait partir.	OBSERVATIONS.
	Conscrits.	Suppléans.	Conscrits rentrés, qui, sur les États d'incorporation et sur les Contrôles, ont été portés comme			du départ.	présumée de l'arrivée au Corps.		
			Déserteurs en route.	absens pour cause légitime.					

Nota. Les Capitaines de recrutement ne comprendront jamais sur un même état des conscrits appartennant à des levées différentes, quoique partis ensemble ; mais ils feront un état pour chaque levée.

CONTRÔLE

numéroté

(MM. les Capitaines de recrutement auront soin de désigner successivement, par des chiffres 1, 2, 3, etc. chacun des contrôles qu'ils seront dans le cas de dresser.)

MODÈLE coté G.

LEVÉE DE 1809.

Appel ordonné par le décret du

DÉPARTEMENT d

CONTROLE *des Conscrits et Suppléans de Conscrits, tous appelés en déduction du Contingent levé sur la classe de 1809* (*) *dirigés le*

sur *Régiment d*

stationné à , *partis sous le*

commandement de M. *accompagné*

des S.ᵣˢ

(*) Les Capitaines de recrutement comprendront sur leurs contrôles de la classe de 1809 seulement les conscrits nés du 1.ᵉʳ janvier 1789 au 1.ᵉʳ janvier 1790, et les conscrits nés avant le 1.ᵉʳ janvier 1789 qui auront concouru à la formation du contingent levé sur cette classe, conformément au titre III de l'Instruction du 11 février 1808. Si d'autres conscrits nés après la même époque, sont mis en route avec ceux qui compteront pour la levée de 1809, les Capitaines de recrutement en dresseront des contrôles séparés pour chacune des classes auxquelles ces jeunes gens appartiendront.

Lorsque des conscrits, après avoir abandonné en route un premier détachement, ou l'avoir quitté pour entrer à l'hôpital, rentreront dans leur département, et seront dirigés sur les corps avec un nouveau détachement, ils ne seront pas compris sur le contrôle de ce dernier détachement; mais les Capitaines de recrutement les inscriront sur des feuilles entièrement semblables au présent modèle, et intitulées, *Extrait du Contrôle* (numéroté) *des Conscrits et Suppléans de Conscrits, tous appelés en déduction, etc.*, comme au titre de ce modèle. Les Capitaines de recrutement dresseront ces extraits, ainsi que les contrôles, en triple expédition. Les conscrits y conserveront le numéro d'ordre sous lequel leur nom aura été porté au contrôle primitif.

Les Capitaines de recrutement suivront le même mode pour les déserteurs en route ou les absens qui rentreront directement aux corps.

Au reste, le titre VII de l'Instruction ci-dessus mentionnée indique les dispositsons qui doivent être suivies par les Capitaines de recrutement, les Officiers conducteurs des détachemens, et les Chefs de corps, relativement à la formation des contrôles, à leur tenue pendant la route, et aux récépissés qui doivent y apposer les autorités locales pour les déserteurs ou les hommes qui entrent aux hôpitaux, et les Chefs de corps pour les conscrits qui parviennent à leur destination.

d'ordre ou d'inscription sur le contrôle.	sous lequel les Conscrits sont portés au tableau général de conscription de leur département.	qui leur est échu lors du tirage dans leur canton.	NOMS et PRÉNOMS.	SIGNALEMENT.	MUTATIONS.	OBSERVATIONS.
				CONSCRITS.		
			JOUBERT (Jean),	fils de et de domiciliés à , canton d département d , né le à , canton d département d , domicilié à canton d , département d taille , cheveux sourcils , yeux front , nez bouche , menton visage , teint marques particulières profession	Déserté à départem. d } Récépissés constatant la remise du signalement. } au Maire ou de à départem. d le } à la Gendarmerie Entré à l'hôpital d départem. d } Récépissés de l'administrat.ⁿ de l'hôpital. } Mort à départem. d } Certificat du Maire. } Rentré au détach. à départem. d le	
	(Porter dans ces deux colonnes les numéros sous lesquels le Conscrit remplacé se trouve compris au tableau dont il est question, et dans la liste de tirage.)			*SUPPLÉANS.*		
			JOUBERT (Jean), Consc. de l'an Suppléant de LA- FOND (Jacques), Consc. de l'an 1809, de la comm. d canton d	fils de et de domiciliés à , canton d département d , né le à , canton d département d , domicilié à canton d , département d taille , cheveux sourcils , yeux front , nez bouche , menton visage , teint marques particulières profession	Déserté à départem. d } Récépissés constatant la remise du signalement. } au Maire ou de à départem. d le } à la Gendarmerie Entré à l'hôpital d départem. d } Récépissés de l'administrat.ⁿ de l'hôpital. } Mort à départem. d } Certificat du Maire. } Rentré au détach. à départem. d le	

Nota. Les Conscrits doivent être placés en tête du contrôle, ensuite les suppléans.

Nota. Tous les détails imprimés sur ce modèle doivent se retrouver sur les contrôles dressés par les Capitaines de recrutement.

Certifié le présent Contrôle, comprenant :

Conscrits . . . .
Suppléans . . . . . .

TOTAL . . . . .

Le Préfet du Département,   Le Capitaine de recrutement,

RÉCÉPISSÉ des hommes arrivés sous les drapeaux.

Le   (*Désigner le Corps*)   a reçu le   (*Date*)
les hommes compris au présent Contrôle, déduction faite de ceux
qui, sous les N.ᵒˢ

sont portés comme   (*Déserteurs, ou entrés à l'hôpital, ou morts, etc.*)

CERTIFIÉ par   (Désigner le grade du signataire) A   le

VU par le   (Sous-inspecteur aux revues ayant la police du Corps,
ou par   remplaçant le Sous inspecteur.)

p. 600.

LEVÉE de 1809.

LISTE alphabétique des Conscrits que comprennent les Contrôles transmis au Ministre d'etat Directeur général des Revues et de la Conscription.

NOMS des CONSCRITS dans l'ordre alphabétique.	NUMÉRO		CORPS auxquels ont été envoyés les Conscrits	INDICATION du jour où le contrôle a été signé par les Chefs de corps.	COLONNES dans l'une desquelles doit être porté le chiffre 1, suivant que le Conscrit sera					OBSERVATIONS.
	indiquant le contrôle sur lequel a été porté leur signalement.	d'ordre sous lequel leur nom est inscrit au contrôle.			incorporé.	Déserteurs en route.	mort en route.	RESTE en route dans un hôpital où il est encore.	mais condamné comme réfractaire, pour avoir déserté après sa sortie de l'hôpital, ou avoir négligé de donner de ses nouvelles dans un délai convenable.	
				Nota. Si le récépissé du couscrit (*absent ou déserteur en route, rentré*) n'est pas porté sur le contrôle, mais seulement sur un extrait de contrôle, il faudra porter dans cette colonne, à l'article du conscrit : *Extrait signé le*						

RÉCAPITULATION.

Conscrits incorporés. . . . .
Déserteurs en route. . . . .
Morts en route. . . . .
Encore à l'hôpital . . . .
Évades de l'hôpital. . . . .

TOTAL égal au nombre des conscrits portés sur les contrôles . . . .

CONSCRITS de 1809 et des classes antérieures portés sur le tableau général de 1809.

ÉTAT GÉNÉRAL des Conscrits réformés et congédiés en payant indemnité.

NUMÉROS D'ORDRE.	NUMÉROS de L'ARROND.	CANTON.	NOMS ET PRÉNOMS des CONSCRITS congédiés.	NUMÉROS que les CONSCRITS occupent sur le tabl. génér. du leur classe.	NUMÉROS qu'ils ont eus lors du tirage.	MOTIFS DE LA RÉFORME — Déf. de taille.	MOTIFS DE LA RÉFORME — Infirmités	MONTANT DES CONTRIB.ns payées en 1807 par les Consc. et par leurs pères et mères, au-delà de 50 francs.	MONTANT des INDEMNITÉS.	MONTANT des DÉCHARGES et RÉDUCTIONS.	RESTANT NET.	PAIEMENS EFFECTUÉS.	RESTANT à RECOUVRER.	OBSERVATIONS.
1.														
2.			(Conserver ces distances.)			(Indiquer la taille des Conscrits réformés.)	(Indiquer sommairement la nature des infirmités.)		(Lorsqu'à l'indemnité on aura ajouté moitié en sus, conformément à l'art. 48, §. 6 du décret du 8 Fructidor, ou lorsque l'indemnité aura été doublée, en exécution des art. 37 et 74, ou lorsque les Conscrits auront été taxés d'office pour n'avoir pas justifié du montant de leurs contributions, il en sera fait mention dans la colonne d'observations.)	(On aura soin d'indiquer dans la colonne d'observations, la date des décisions du Directeur général. La même indication aura lieu dans les états de recouvrement de chaque mois, pour les décharges ou modérations accordées après la formation de cet état.)				*Nota.* Les quatre colonnes qui précèdent, sont destinées à indiquer la situation progressive du recouvrem. des indemnités tant à la préfecture que dans les bureaux du directeur gén. On ne doit donc pas attendre qu'elles soient remplies pr adresser l'état.
3.														
4.														
5.								TOTAL......						

DÉPARTEMENT d   MODÈLE coté I.

ÉTAT GÉNÉRAL des Conscrits réformés et congédiés gratuitement.

Conscrits de 1809 et des classes antérieures portés sur le tableau général de 1809.

| NUMÉROS D'ORDRE. | ARRON-DIS-SEMENT. | CANTON. | NOMS ET PRÉN. des CONSC. CONGÉD. | NUMÉROS que les CONSCRITS occupent sur le tabl. génér. de leur classe. | NUMÉROS qu'ils ont eus lors du tirage. | MOTIFS DE LA RÉFORME. | | MONTANT des CONTRIBUTIONS payées en 1807 par les Conscrits et par leurs pères et mères. | OBSERVATIONS. |
						Déf. de taille.	Infirmités.		
1.									
2.		(Conserver ces distances.)				(Indiquer la taille des Conscrits réformés.)	(Indiquer sommairem. la nature des infirmités.)		
3.									
4.									

Modèle coté *B.*

DÉPARTEMENT

d

LEVÉE DE 1808.

PROCÈS-VERBAL

De Clôture des Séances extraordinaires du Conseil de Recrutement, du   1808.

Le Conseil de Recrutement,
composé de N.   Préfet ;
         N.   commandant le département, (*dési-*
                                 gner le grade et l'arme) ;
    et de N.   remplaçant le major (*désig. le grade*
                                 et l'arme) ;
s'est assemblé conformément aux articles 41 et 44 de l'Instruction de S. E. le Ministre d'état Directeur général des Revues et de la Conscription militaire, en date du 11 février 1808, pour dresser le procès-verbal de clôture de ses séances extraordinaires.

Après s'être fait représenter les procès-verbaux desdites séances, il a dressé le Compte suivant sur les Conscrits qui, par suite, soit des ordres qu'il a donnés, soit des réclamations qui lui ont été adressées, ont été examinés par lui.

p. 605.   *COMPTE SOMMAIRE*

COMPTE SOMMAIRE sur les Conscrits de 1809 et des années antérieures, comptant pour 1809, qui ont été l'objet des décisions prises par le Conseil de recrutement, dans les Séances extraordinaires tenues conformément à l'article 41 de l'Instruction de S. Ex. le Ministre d'état Directeur général des Revues et de la Conscription militaire, en date du 11 Février 1808.

ARRONDISSEMENT.	CANTON.	NOMBRE des Conscrits qui ont été l'objet des décisions du Conseil.	CONSCRITS qui se sont trouvés dans l'un des cas d'exception.	Mis à la disposition du Gouvernement comme s'étant volontairement rendus incapables de servir.	AJOURNÉS à la plus prochaine levée, conformément à l'instruction du 11 février 1808.	Réformés aux corps en exécution du décret du 6 janvier et des ordres donnés par le Ministre d'état Directeur général.	CONSCRITS appelés en remplacement, 1.º des Rétardataires, 2.º des Déserteurs en route; 3.º des Réformés aux revues de départ, qui ont été admis à fournir des Suppléans.	QUI ONT réclamé leur réforme après la clôture des séances ordinaires, et qui ont été déclarés premiers à marcher, comme ayant feint des infirmités. A.	QUI AVAIENT été ajournés au 1.er novem.re 1808, 1.º comme aspirans à l'école polytechniq.e et qui n'y ont pas été admis, 2.º comme élèves des écoles vétérinaires de Lyon et d'Alfort, qui en sont sortis sans recevoir de destination. B.	SORTIS de l'hôpital du chef-lieu de la division depuis la clôture des séances ordinaires du Conseil, et depuis dirigés sur des corps. C.	DÉTENUS lors de la clôture des séances ordinaires du Conseil, et depuis sortis de prison et dirigés sur des corps. D.	PLACÉS à la fin du dépôt, comme frères de Conscrits de 1809 en activité de service, ou de Conscrits des années antérieures dont le départ était le jour de la clôture des séances ordinaires, trop récent pour que le certificat de présence eût pu être fourni.	CONSCRITS qui ont demandé la révocation des décisions prises par le Conseil ordinaire de recrutement, et dont la réclamation n'a point été favorablement accueillie.	TOTAL des Conscrits maintenus sur les listes d'activité.	OBSERVATIONS.
			Les cas d'exception sur lesquels peut prononcer le Conseil extraordinaire sont au nombre de cinq seulement ; 1.º attachés au service des cultes ; 2.º et 3.º rayés de la liste des réfractaires pour avoir prouvé depuis leur condamnation, ou leur inscription comme marins, ou leur présence sous les drapeaux comme enrôlés volontaires ; 4.º aspirans définitivement admis à l'école polytechnique ; 5.º élèves des écoles vétérinaires de Lyon et d'Alfort ayant reçu une destination.	Le Conseil doit porter dans cette colonne les Conscrits qui se sont volontairement mis dans l'impossibilité de servir depuis la clôture des séances ordinaires, et soit avant, soit après le départ.	Le Conseil de recrutement comprendra dans cette colonne les Conscrits qui, pour cause d'absence, n'auront pas été examinés par le Conseil ordinaire, et que lui même aura cru d-voir ajourner.									*Nota.* S'il se présente de cas non prévus dans ce modèle, les Conseils ajouteront des colonnes et joindront au Procès-verbal l'état nominatif des Conscrits portés dans ces colonnes.

Les Conseils ne comprendront pas,

1.º Dans la colonne A, les hommes par eux déclarés premiers à marcher, qui seront partis après l'incorporation entière des contingens d'activité et de réserve de leur canton ;

2.º Dans la colonne B, les élèves remis à leur disposition, qui seront dans le même cas ;

3.º Dans la colonne C, les conscrits sortis de l'hôpital du chef-lieu de la division, qui auront aussi été dirigés sur des corps après la même époque ;

4.º Dans la colonne D, les individus sortis de prisons se trouvant dans le même cas ; *mais il les porteront dans la colonne des ajournés à la plus prochaine levée, parce que ces conscrits comptant en déduction de la plus prochaine classe appelée* (Art. de l'instruction du 11 février 1808), *ils devront être portés sur les listes de cette classe, et retirés de celles de 1809.*

Nota. Les

Nota. Les pièces à joindre à la liste des Conscrits dans les cas d'exceptions sont, pour les deux et troisième cas, prévus dans la colonne du précédent compte, consacrée à ces Conscrits, les copies des décisions du Ministre d'état Directeur général, qui auront autorisé la radiation de la liste des réfractaires; pour ceux dans le quatrième cas, le certificat de présence à l'école polytechnique; pour ceux dans le cinquième, la copie de la décision qui leur aura donné une destination.

A l'appui du compte ci-dessus, le Conseil a fait dresser, et a joint au procès-verbal, les listes nominatives des Conscrits qui se trouvent dans chacun des cas spécifiés sur le compte sommaire: ces listes pour la formation desquelles le Conseil, autant que cela a été possible, a suivi les modèles annexés au procès-verbal de clôture des séances ordinaires, sont accompagnées de toutes les pièces justificatives exigées pour chaque cas par le même modèle.

Le Conseil de recrutement certifie, sous la responsabilité personnelle de chacun de ses membres, l'exactitude des comptes que renferme le présent procès-verbal de clôture.

Fait en séance, le   *à*

Le Préfet, président,

L'Officier général ou supérieur   Le Major d
commandant le département,
ou pour le Commandant le
département, l

ÉTAT GÉNÉRAL

Indiquant le nombre de Conscrits des diverses tailles, portés sur le Tableau général de Conscription de 1809.

ÉTAT général indiquant le nombre des Conscrits de diverses tailles portés sur le Tableau général de conscription de 1809.

ARRON-DISSE-MENT.	CAN-TON.	NOMBRE DES CONSCRITS AYANT MOINS D'UN MÈTRE.																	NOMBRE des Conscrits ayant au-delà de cette dernière taille.	TOTAL ou nombre des Conscrits portés au tableau général.	TAILLE moyenne des Conscrits.	OBSERVATIONS.
		502 milim. ou 4 pieds 7 pouces et demi.	542 milim. ou 4 pieds 9 pouces	556 milim. ou 4 pieds 9 pouces et demi.	569 milim. ou 4 pieds 10 pouces	583 milim. ou 4 pieds 10 pouces et demi.	597 milim. ou 4 pieds 11 pouces	610 milim. ou 4 pieds 11 pouces et demi.	624 milim. ou 5 pieds.	637 milim. ou 5 pieds 6 lignes.	651 milim. ou 5 pieds 1 pouce.	664 milim. ou 5 pieds 1 pouce et demi.	678 milim. ou 5 pieds 2 pouces	691 milim. ou 5 pieds 2 pouces et demi.	705 milim. ou 5 pieds 3 pouces	718 milim. ou 5 pieds 3 pouces et demi.	732 milim. ou 5 pieds 4 pouces	745 milim. ou 5 pieds 4 pouces et demi.	759 milim. ou 5 pieds 5 pouces				
TOTAUX																						

ARRÊTÉS,
LOIS ET CIRCULAIRES
OMIS A LEUR DATE.

ARRÊTÉ relatif à l'exécution des lois des 15 Germinal et 4 Floréal an *VI* sur les Conscrits.

Du 7 Thermidor an VII.

LES CONSULS DE LA RÉPUBLIQUE, etc.

Arrêtent :

Il n'y a pas lieu à modifier, en faveur des conscrits, les dispositions des lois des 15 Germinal et 4 Floréal an VI (1).

Le ministre de la justice est chargé de l'exécution du présent arrêté, qui sera imprimé.

Le premier Consul, signé BONAPARTE. Par le premier Consul : *le secrétaire d'État*, signé HUGUES B. MARET *Le ministre de la justice*, signé ABRIAL.

---

(1) Ces lois sont relatives à la contrainte par corps.

LOI

LOI relative à une levée de Conscrits de l'an XI et de l'an XII.

Du 6 Floréal an XI.

AU NOM DU PEUPLE FRANÇAIS.

BONAPARTE, premier Consul, proclame loi, etc.

DÉCRET.

ARTICLE PREMIER.

Il sera levé trente mille conscrits pris sur la conscription de l'an XI ; et trente mille sur la conscription de l'an XII : ils seront destinés à compléter l'armée sur le pied de paix.

2. Il sera également levé trente mille conscrits de l'an XI, et trente mille de l'an XII, pour rester en réserve, et être uniquement destinés à porter l'armée au pied de guerre, si cela devenait nécessaire.

3. Les conscrits de l'an XII ne pourront, sous aucun prétexte, être appelés avant l'époque du 1er. Vendémiaire an XII.

4. Les départemens fourniront leur contingent, conformément au tableau annexé à la présente.

5. La répartition entre les arrondissemens et les municipalités sera, ainsi que les désignations, exécutée conformément aux dispositions de la loi du 28 Floréal an X.

6. Les conscrits ne pourront être appelés ni désignés pour faire partie du contingent, que dans la municipalité de leur domicile.

7. Tout conscrit absent au moment de la désignation, ou qui ne pourra se rendre à l'assemblée pres-

crite pour ladite désignation, devra y être représenté par son père ou l'un de ses proches parens, et, à leur défaut, par un citoyen nommé d'office par le maire.

8. Tout conscrit absent qui aura été désigné pour faire partie du contingent, aura un mois pour se présenter devant le capitaine de recrutement.

Celui qui, à l'expiration du délai d'un mois, ne se sera point présenté, ou n'aura point fait admettre un suppléant, sera, sur la plainte du capitaine du recrutement, déclaré, par le préfet ou sous-préfet conscrit *réfractaire*.

9. Le préfet ou sous-préfet adressera, dans les trois jours, son arrêté au commissaire du Gouvernement près le tribunal de première instance de l'arrondissement.

Le commissaire requerra, dans le même délai, contre le conscrit réfractaire, et contre ses père et mère, comme civilement responsables, la condamnation à l'amende portée par la loi du 17 Ventôse an VIII, avec l'impression et l'affiche du jugement aux frais du condamné.

Le tribunal prononcera sans désemparer.

Le commissaire du Gouvernement adressera, dans les trois jours, le jugement au directeur de l'enregistrement et du domaine, chargé de poursuivre le paiement de l'amende, ainsi qu'il est prescrit par les articles X et XI de la susdite loi.

Le commissaire du Gouvernement adressera aussi des copies du jugement au capitaine du recrutement, et au commandant de la gendarmerie du département chargé de faire rechercher ledit conscrit, et de le faire conduire au dépôt qui sera désigné par le Gouvernement.

10. Tout conscrit condamné comme réfractaire,

sera conduit de brigade en brigade dans un dépôt militaire, pour y être à la disposition du Gouvernement pendant cinq ans, et employé dans les corps militaires, que le Gouvernement déterminera, et qui seront soumis à une discipline particulière.

11. La même procédure sera observée et les mêmes peines prononcées contre tout conscrit désigné qui ne rejoindra point, à l'époque qui lui aura été prescrite, le corps dans lequel il devra être incorporé.

12. Tout conscrit condamné comme réfractaire qui n'aura pas été arrêté et conduit au dépôt dans le mois qui suivra le jugement rendu contre lui, sera, sur la demande du capitaine du recrutement et d'après les ordres du préfet, remplacé par sa municipalité; en conséquence il sera fait une nouvelle désignation.

13. Pourront être admis comme suppléans, les conscrits de la classe de l'année et des années antérieures, non désignés, ou désignés seulement pour la réserve, pourvu qu'ils aient la taille et les autres qualités requises, et qu'ils soient nés et domiciliés dans l'étendue de l'arrondissement.

Les individus qui se seront fait remplacer par un membre de la réserve, seront inscrits dans ladite réserve au lieu et place de leur suppléant.

14. Le conscrit qui aura un frère faisant, comme conscrit, partie de l'armée active, celui qui sera fils unique d'une veuve, et l'aîné de frères orphelins, pourront, s'ils le demandent, être désignés pour former la réserve.

CIRCULAIRE du Ministre de la Guerre à Messieurs les Préfets des Départemens, relative aux États des conscrits réfractaires.

Paris, le 5 Frimaire an 13.

Les états des conscrits réfractaires amnistiés que j'ai demandés, Monsieur, par ma lettre du 22 Prairial dernier, ne m'ont point été exactement adressés; ceux qui me sont parvenus, prouvent que peu de réfractaires ont profité de la faveur qui leur était accordée. Les condamnations prononcées par les tribunaux contre ceux qui n'ont pas fait leur déclaration et rejoint leurs drapeaux, sont maintenus. J'écris de nouveau à M. le Maréchal Moncey, premier Inspecteur général de la Gendarmerie, pour qu'ils soient poursuivis avec la plus grande activité. Veuillez bien, de votre côté, veiller à ce que tous les réfractaires soient désignés à l'officier supérieur de la gendarmerie du département, aussitôt après leur condamnation.

Les dépôts établis par l'arrêté du 19 Vendemiaire an 12, continuent d'exister : les conscrits condamnés comme réfractaires, doivent tous y être conduits, il ne peut leur être donné aucune autre destination sans mon autorisation spéciale. Dans le cas où la gendarmerie arrêterait un conscrit réfractaire qui ne lui aurait pas été indiqué comme condamné, elle vous en informera, pour que vous provoquiez sa condamnation; le conscrit arrêté restera en prison jusqu'à ce qu'elle soit prononcée. Je donne des ordres à cet effet.

Pour me mettre à portée de comparer le nombre des conscrits réfractaires de votre département, celui des réfractaires arrêtés et celui des hommes arrivés au dépôt, je vous prie, Messieurs, de m'adresser à l'avenir, les 1.er et 15 de chaque mois, un état nominatif des réfractaires arrêtés, conforme au modèle ci-joint. Je reçois ceux des condamnés au fur et à mesure de leur condamnation ; je reçois aussi, toutes les quinzaines, ceux des Conscrits arrivés au dépôt. Vous m'enverrez un état négatif, lorsqu'ils n'y aura pas eu d'arrestation dans la quinzaine.

L'officier supérieur de la gendarmerie vous donnera tous les renseignemens nécessaires pour former ces états.

Veuillez bien m'accuser réception de cette lettre.

Je vous salue avec une considération distinguée.

Le Ministre de la guerre,
Signé, Marechal BERTHIER.

ETAT des Conscrits réfractaires du Département de   *arrêtés pendant la*   *quinzaine du mois de*

NOMS.	PRÉ-NOMS.	COM-MUNES.	ANNÉE de Conscrip-tion.	DATE de la con-damna-tion.	DATE de l'arres-tation.	PAR qui arrêtés.	INDICAT. du dépôt sur lequel ils ont été dirigés.	ÉPOQUE présumée de leur arrivée au dépôt.	OBSERVATIONS.
									Nota. Lorsque la gendarmerie arrêtera un réfractaire d'un autre Département, le Préfet l'indiquera dans la colonne d'observations. Le conscrit sera dirigé sur le dépôt assigné à son département, par l'arrêté du 19 Vendem. an 12.

TABLE CHRONOLOGIQUE

DU

CODE DE LA CONSCRIPTION.

Fin de la Table.

TABLE ALPHABÉTIQUE
DES MATIÈRES
DU CODE DE LA CONSCRIPTION.
Les chiffres arabes désignent les pages.

A.

B.

C.

D.

E.

H.

I.

J.

L.

M.

P.

R.

S.

T.

FIN DE LA TABLE ALPHABÉTIQUE.

www.ingramcontent.com/pod-product-compliance
Lightning Source LLC
LaVergne TN
LVHW021135050726
842519LV00002B/392